Alfons Adam
Bernward Budde
Christiane Jansen
Rolf Klabunde

Musterschreiben für die Schwerbehindertenvertretung

Die erfolgreiche SBV

Alfons Adam
Bernward Budde
Christiane Jansen
Rolf Klabunde

Musterschreiben für die Schwerbehindertenvertretung

Einführungen – Beispieltexte – Praxistipps

2., aktualisierte und erweiterte Auflage

BUND
VERLAG

Bibliografische Information der Deutschen Nationalbibliothek
Die Deutsche Nationalbibliothek verzeichnet diese Publikation in der Deutschen Nationalbibliografie; detaillierte bibliografische Daten sind im Internet über *http://dnb.d-nb.de* abrufbar.

2., aktualisierte und erweiterte Auflage 2025

Umschlag: Neil McBeath, Stuttgart
Satz: Dörlemann Satz, Lemförde
Druck: CPI books GmbH, Birkstraße 10, 25917 Leck

ISBN 978-3-7663-7494-3

kontakt@bund-verlag.de
www.bund-verlag.de

Vorwort

Liebe Kolleginnen und Kollegen,

die Gesamtschwerbehindertenvertretungen von Daimler haben es sich seit Jahrzehnten zur Aufgabe gemacht für die Schwerbehindertenvertretungen (SBV) des Unternehmens »Arbeitshilfen« zu erstellen. Für unsere Kolleginnen und Kollegen war das nach ihren Aussagen eine große Hilfe für ihre Arbeit in der SBV.
Das möchte ich bestätigen. Als ich 1994 das erste Mal in die SBV gewählt wurde, bekam ich von unserer damaligen Gesamtschwerbehindertenvertretung (GSBV) Arbeitshilfen überreicht. Die Arbeitshilfen haben wir regelmäßig überarbeitet, die umfangreichsten Überarbeitungen wurden durch das zeitversetzte Inkrafttreten des Bundesteilhabegesetzes (BTHG) in der Zeit von 2016–2018 erforderlich.
Aus dem Sozialgesetzbuch (SGB) IX, Teil 2, wurde ab 2018 Teil 3 mit entsprechender Neunummerierung der Paragrafen. Das war ein wichtiger Anlass, uns erneut mit den Arbeitshilfen zu beschäftigen.
Der IG Metall waren unsere Arbeitshilfen durch viele Seminare meiner Kolleginnen und Kollegen an den Bildungsstätten bekannt und so wurde die Idee geboren die Arbeitshilfen einem größeren Kreis zur Verfügung zu stellen und verlegen zu lassen. Unserer GSBV war und ist es sehr wichtig, dass wir eventuelle Gewinne aus der Vermarktung der Arbeitshilfen einem guten Zweck in der Behindertenarbeit zuführen wollen.
Aus diesem Grund haben wir uns, Christiane Jansen, Bernward Budde aus dem IG Metall Bildungszentrum, Rolf Klabunde, Referent der IG Metall, und ich in Berlin zusammengesetzt und die Arbeitshilfen angepasst.
Als Beispiele sind auch Widersprüche an die Versorgungsämter eingefügt, die euch jedoch nicht zum Schreiben von Widersprüchen verleiten sollen. An der Stelle hatte uns viele Jahre Werner Feldes vom Vorstand der IG Metall mit seinem Fachwissen unterstützt und wir schreiben keine Widersprüche mehr in Antragsverfahren. Die Begründung dafür ist, dass Schwerbehindertenvertretungen in solchen Angelegenheiten in Konflikt mit dem Rechtsdienstleistungsgesetz (früher: Rechtsberatungsgesetz) kommen können. Aus dem Recht zur Erörterung

von Rechtsfragen, im Rahmen der betriebsinternen Zuständigkeit der Interessenvertretung, ergibt sich kein Recht zum Tätigwerden in konkreten Angelegenheiten des schwerbehinderten Menschen gegenüber Dritten. Mit Dritten sind u. a. auch diverse Ämter gemeint.
Keine Rechtsdienstleistung im Sinne des Rechtsdienstleistungsgesetzes ist es soweit ein Zusammenhang zu den Aufgaben dieser Vertretung besteht. Die Unterstützung nach § 178 SGB IX ist m. E. jedoch eng begrenzt auf Anträge auf Feststellung einer Schwerbehinderung sowie auf Anträge auf Gleichstellung. Von Rechtsberatung und Rechtsvertretung in einem Einzelfall und auf dem Weg zu einer eventuell gerichtlichen Auseinandersetzung ist hier nicht die Rede.
Durch die aktuelle Rechtssprechung, veränderte Anträge und Vorgänge, waren wir aufgefordert die Arbeitshilfen zu überarbeiten. Die Musterschreiben haben sich in der Praxis bewährt und keinen Anspruch auf Vollständigkeit.
Es hat uns sehr gefreut, dass die Arbeitshilfen so gut nachgefragt wurden und wir möchten Euch auch mit der zweiten Auflage eine wertvolle Unterstützung an die Hand geben.
Anregungen und Vorschläge könnt Ihr uns gerne über den Verlag über *kontakt@bund-verlag.de* zukommen lassen.

Viel Erfolg weiterhin wünscht Euch

Alfons Adam

Inhaltsverzeichnis

Abkürzungsverzeichnis

Abs.	Absatz
AGG	Allgemeines Gleichbehandlungsgesetz
AHP	Anhaltspunkte für die ärztliche Gutachtertätigkeit im sozialen Entschädigungsrecht und nach dem Schwerbehindertenrecht
ArbGG	Arbeitsgerichtsgesetz
ArbSchG	Arbeitsschutzgesetz
ASR	Arbeitsstättenregel
Az.	Aktenzeichen
BA	Bundesagentur für Arbeit
BAG	Bundesarbeitsgericht
BEM	Betriebliches Eingliederungsmanagement
BetrVG	Betriebsverfassungsgesetz
BDSG	Bundesdatenschutzgesetz
BPersVG	Bundespersonalvertretungsgesetz
BR	Betriebsrat
BSG	Bundessozialgericht
BTHG	Bundesteilhabegesetz
bzgl.	bezüglich
bzw.	beziehungsweise
ca.	circa
CNC	Computerized Numerical Control
dB	Dezibel
d. h.	das heißt
Dr.	Doktor
DSGVO	Datenschutzgrundverordnung
EG	Erdgeschoss
EKG	Elektrokardiogramm

etc.	et cetera
EU	Europäische Union
EuGH	Europäischer Gerichtshof
EUTB	Ergänzende unabhängige Teilhabeberatung
evtl.	eventuell
ff.	fortfolgende
g	Gramm
GdB	Grad der Behinderung
GdS	Grad der Schädigung
geb.	geboren
gem.	gemäß
ggf.	gegebenenfalls
GKV	Gesetzliche Krankenversicherung
GSBV	Gesamtschwerbehindertenvertretung
HWS	Halswirbelsäule
ICD	International Statistical Classification of Diseases and Related Health Problems (Internationale Klassifikation der Krankheiten)
i. d. R.	in der Regel
ILIS-System	Integratives Leit- und Informationssystem
i. S. d.	im Sinne des
JAV	Jugend- und Auszubildendenvertretung
kg	Kilogramm
KSBV	Konzernschwerbehindertenvertretung
KVJS	Kommunalverband für Jugend und Soziales Baden-Württemberg
KVP	Kontinuierlicher Verbesserungsprozess
LPersVG	Landespersonalvertretungsgesetz des jeweiligen Bundeslandes
LSG	Landessozialgericht
LWS	Lendenwirbelsäule
m	Meter
max.	maximal
MdE	Minderung der Erwerbsfähigkeit

MS	Multiple Sklerose
MwSt.	Mehrwertsteuer
NL	Niederlassung
Nr.	Nummer
PLZ	Postleitzahl
S.	Seite/n
SBV	Schwerbehindertenvertretung
SchwbVWO	Wahlordnung Schwerbehindertenvertretungen
SG	Sozialgericht
SGB	Sozialgesetzbuch
SGB I	Sozialgesetzbuch Erstes Buch – Allgemeiner Teil (Grundlage für alle Sozialgesetzbücher)
SGB IX	Sozialgesetzbuch Neuntes Buch – Rehabilitation und Teilhabe von Menschen mit Behinderungen
SGB X	Sozialgesetzbuch Zehntes Buch – Sozialverwaltungsverfahren und Sozialdatenschutz
SuI	Schwerbehindertenrecht und Inklusion
Tel.	Telefon
u. a.	unter anderem
usw.	und so weiter
v. H.	von Hundert
VdK	Sozialverband VdK Deutschland e. V.
VersMedV	Versorgungsmedizin-Verordnung
VVT	Verzeichnis der Verarbeitungstätigkeit
WHO	Weltgesundheitsorganisation
WS	Wirbelsäule
z. B.	zum Beispiel
Ziff.	Ziffer
zzgl.	zuzüglich

I. Einleitung

Die Aufgaben und Tätigkeiten einer Schwerbehindertenvertretung können vom Umfang und der Art sehr unterschiedlich sein. Sie hängen von zahlreichen Faktoren ab, wie z. B. der Betriebsgröße und dem Betriebszweck, dem betrieblichen Engagement im Arbeits- und Gesundheitsschutz, der Personalstruktur aber auch von einer Tarifbindung oder der Zusammenarbeit mit dem Betriebsrat.
In jedem Fall ist das Tagesgeschäft der Schwerbehindertenvertrauenspersonen, ihrer Stellvertretungen und den ggf. hinzugezogenen Vertrauenspersonen stark von individuellen Fallgestaltungen, persönlichen Schicksalen und oft auch emotionalen Beratungen geprägt. Beschäftigte des Betriebs sind darauf angewiesen, dass die Schwerbehindertenvertretung ihnen in schwierigen (mitunter existenzgefährdenden) Lebenslagen mit Sachkunde, Orientierung und Unterstützung zur Seite steht. Das gilt vor allem, wenn sich die ratsuchenden Personen im »Behördendschungel« verloren sehen, ausgeliefert fühlen oder eine positive Perspektive nicht erkennbar scheint.
Hier hat die Schwerbehindertenvertretung die wichtige Aufgabe, zu ordnen, Handlungsalternativen aufzuzeigen, gemeinsam nach Lösungen zu suchen und diese umzusetzen und so den Betroffenen wieder die »Zügel über ihr Leben« in die Hand zu geben.
Dabei arbeitet die Schwerbehindertenvertretung im Betrieb mit zahlreichen Akteuren zusammen (z. B. Arbeitgeber, Vorgesetzten, Betriebsrat, Betriebsarzt, Sozialberatung), die der jeweiligen Thematik mehr oder weniger offen gegenüberstehen und sich im Arbeits- und Sozialrecht oft nur bedingt gut auskennen. Auch die externen Akteure (z. B. Versorgungsamt, Integrations- und Inklusionsämter, Arbeitsagenturen, Krankenkassen, Berufsgenossenschaften, Gewerkschaften) sind in ihrer Zusammenarbeit mit der Schwerbehindertenvertretung stark von der jeweiligen Person in der »Fallbearbeitung« abhängig. Nicht immer sind hier fundierte Kenntnisse über die Rechtslage, fachlichen Weisungen und zur aktuellen Rechtsprechung vorhanden. Jahrelanger Personalabbau und häufige Personalveränderungen haben mitunter zu einem erheblichen Verlust an Erfahrungswissen bei den Sozialträgern geführt, was sich in der Suche nach zügigen und praxisbezogenen Lösungen für die ratsuchenden Menschen oft nach-

teilig auswirkt. Zusätzlich werden Fälle, Prozesse und Abläufe von Behörde zu Behörde oder regional unterschiedlich durchgeführt bzw. bewertet.
In diesem Umfeld kann es insbesondere für neugewählte Vertrauenspersonen der Schwerbehindertenvertretung schwierig werden, sich zurechtzufinden. Hier empfiehlt sich der baldige Besuch der entsprechenden Grundlagen- und Fachseminare, um sich zügig den erforderlichen Sachverstand anzueignen und sich mit anderen Schwerbehindertenvertretungen zu vernetzen. Dabei ist der gegenseitige Austausch über Erfahrungen, Vorgehensweisen und erfolgversprechende Lösungen ein Wert in der Tätigkeit der Schwerbehindertenvertretung, der nicht hoch genug eingeschätzt werden kann.
Die hier vorliegende Arbeitshilfe will genau diesem Anspruch gerecht werden. Die umfangreiche und vielfältige Sammlung von thematisch sortierten Musterschreiben, Checklisten, Hinweisen und Praxistipps sind in der betrieblichen Beratung erprobt und wurden »für gut befunden«. Sie bieten der neu- und wiedergewählten Schwerbehindertenvertretung Unterstützung und Orientierung bei komplexen Abläufen, aber auch eine konkrete Entlastung im Tagesgeschäft.
Die Musterschreiben müssen jeweils an die spezifische betriebliche Fallsituation angepasst und ggf. geändert und ergänzt werden. Dabei sollte immer das persönliche Gespräch mit dem betroffenen Menschen im Vordergrund stehen und die Grundlage des weiteren Handelns sein.
Für zahlreiche Anträge und Verfahren sind die beizufügenden (stets umfangreichen und aktuellen) Unterlagen eine wichtige Voraussetzung für die Bearbeitung. Mindestens genauso wichtig ist es, den Bearbeitenden in den Behörden und Institutionen ein »Bild über die betriebliche Situation« zu vermitteln. Sie kennen in der Regel weder den betroffenen Menschen persönlich noch seine Arbeitssituation und Tätigkeit oder die betrieblichen Rahmenbedingungen. Hier kann die Schwerbehindertenvertretung die betriebliche Expertise einbringen, und den behördlichen Entscheidungsträgern Handlungsoptionen anbieten, Forderungen formulieren und Lösungen aufzeigen. Dafür ist ein fundiertes Einarbeiten der Schwerbehindertenvertrauensperson in die einzelnen Beratungsfälle unerlässlich: Was kann und möchte die ratsuchende Person? Welche Möglichkeiten bietet der Betrieb und der Arbeitgeber? Was wurde bereits versucht und was unterlassen? Welche Hilfen können beansprucht werden? Mit welchen Argumenten können Arbeitgeber und Behörden überzeugt werden?
Werden die Musterschreiben in diesem Buch mit diesen Informationen angereichert, wird in der behördlichen Sachbearbeitung aus dem »Fall« ein »Mensch« und es steigert die Bereitschaft, zu einer positiven Entscheidung oder Lösung beizutragen.
Damit ist allen geholfen: Den Betroffenen mit einem leidensgerechten, sicheren Arbeitsplatz, dem Arbeitgeber mit dem Erhalt einer eingearbeiteten Arbeitskraft,

den Behörden mit einem inklusiven behinderten Menschen und der Belegschaft mit einem entspannten Beschäftigten.
Diese Arbeitshilfen möchten ihren Betrag leisten, dass die Schwerbehindertenvertretung solche Erfolgsstorys wieder und wieder schreiben kann.

II. Datenschutz

Die Schwerbehindertenvertretung erhält im Zuge ihrer Tätigkeit umfangreiche Kenntnisse über persönliche Angelegenheiten und vertrauliche – mitunter sogar intime – Informationen der beratenen Beschäftigten. So stellt bereits das Vorliegen der anerkannten Behinderteneigenschaft eine vertrauliche Information dar, die von der Schwerbehindertenvertretung auch als solche zu behandeln ist. In der Tätigkeit der Schwerbehindertenvertretung muss also stärker noch als in der Betriebsratsarbeit darauf geachtet werden, dass nicht nur die Informationen und Daten, sondern oft sogar auch die Beratung und Unterstützung der Person mit Behinderung an sich vertraulich bleiben muss. Es wäre nicht nur ein schwerer Vertrauensbruch, diese Kenntnisse zum »Tischgespräch« oder zum persönlichen Vorteil zu nutzen, es ist darüber hinaus auch gesetzlich untersagt (§ 179 Abs. 7 Nr. 1 und 2 SGB IX) und sogar strafbewehrt (§§ 237a und b SGB IX).
Ein sensibler und vertrauenswürdiger Umgang mit personenbezogenen Daten und Informationen aus dem privaten Umfeld stellt daher die unerlässliche Grundlage der Beratung einer Schwerbehindertenvertretung dar. Beschäftigte werden mit ihren Anliegen und Fragen nicht zur SBV kommen, wenn sie sich dort nicht gut »aufgehoben« und in einem geschützten Umfeld fühlen.
Damit die Schwerbehindertenvertretung die persönlichen Informationen in der weiteren Tätigkeit verwenden kann, sollte in jedem Einzelfall mit den betroffenen Beschäftigten besprochen werden, mit wem im Betrieb (z. B. Personalbüro, Vorgesetztem, Betriebsrat) welche Informationen geteilt werden dürfen. Nur so behalten betroffene Beschäftigte die Kontrolle über ihre persönlichen Daten und das Vertrauensverhältnis zur Schwerbehindertenvertrauensperson bleibt unbeschädigt. Das sollte selbst dann selbstverständlich sein, wenn die weiteren Gesprächspartner ihrerseits zur Verschwiegenheit verpflichtet sind (z. B. Betriebsrat, Behörde, Betriebsarzt).
Neben dem sorgfältigen und vertraulichen Umgang mit personenbezogenen Informationen in der Beratungstätigkeit unterliegt die Schwerbehindertenvertretung auch bei der »Verwaltung« dieser Daten den gesetzlichen Vorschriften (EU-Datenschutzgrundverordnung – EU-DSGVO/Bundesdatenschutzgesetz – BDSG). Die Interessenvertretung (Betriebsrat, Personalrat, Mitarbeiterver-

tretung, Schwerbehindertenvertretung) muss ein Datenschutzkonzept (VVT nach Art. 30 Abs. 1 DSGVO) erarbeiten und ein Verzeichnis der Verarbeitungstätigkeit inklusive eines Löschkonzeptes aller anfallenden Daten erstellen und anwenden. Zum Datenschutzkonzept gehört eine strenge Zweckbindung der Daten. Sie werden nur so lange vorgehalten, bis der Zweck ihrer Verwendung (z. B. Antrag GdB/Gleichstellung) erfüllt ist. Danach werden die Daten unverzüglich vernichtet oder der Person übergeben, der sie gehören. Diese Übergabe ist zu dokumentieren.

Die Schwerbehindertenvertretung sollte also selbst über die entsprechende Sachkunde verfügen, welche personenbezogenen Daten erhoben, verarbeitet, gespeichert und gelöscht werden müssen. Allgemeine Qualifizierungen (z. B. betriebliche Datenschutzschulungen) aber auch spezielle Weiterbildungen (z. B. Seminare zum Datenschutz in der SBV-Arbeit) sind daher unverzichtbar.

Die Verwaltung der personenbezogenen Daten, Informationen und Unterlagen aus der Beratung der SBV muss daher so erfolgen, dass ein Zugang oder gar Missbrauch durch Unbefugte nicht möglich ist. Akten der Schwerbehindertenvertretung müssen somit unter Verschluss liegen, das gilt auch für den Zugriff durch den Betriebsrat. Elektronische Daten müssen so abgelegt sein, dass niemand außer der SBV darauf zugreifen, sie einsehen, bearbeiten oder gar auswerten kann (z. B. passwortgeschützt, Ablage auf separatem Laufwerk, externe Festplatte).

Die Folgen eines Verstoßes gegen die Vertraulichkeit und den Datenschutz können für die Schwerbehindertenvertretung weit über den Vertrauensverlust der Ratsuchenden hinausgehen. So wäre bei einem Verstoß gegen die Datenschutzgrundverordnung, abhängig von der Schwere des Verstoßes, eine Geldstrafe oder eine Freiheitsstrafe möglich. Geschädigte Personen können darüber hinaus Schadenersatzansprüche oder bei der Verletzung ihrer Persönlichkeitsrechte ein Schmerzensgeld geltend machen.

Da die Schwerbehindertenvertretung nach § 179 Abs. 7 Nr. 1 und 2 SGB IX zur vertraulichen Behandlung der personenbezogenen Angelegenheiten sowie Betriebs- und Geschäftsgeheimnisse verpflichtet ist, kann ein Verstoß angezeigt und strafrechtlich verfolgt werden. Das Strafmaß kann eine Geldstrafe oder eine Freiheitsstrafe (bei Vorsatz) bis zu zwei Jahren sein (§§ 237a und b SGB IX).

Die Verpflichtung zum vertraulichen Umgang mit persönlichen Angelegenheiten der Beschäftigten geht auch über die Amtszeit hinaus und erstreckt sich ebenfalls auf die hinzugezogenen Schwerbehindertenvertrauenspersonen sowie Stellvertretungen.

Arbeitsanweisung zum Umgang mit personenbezogenen Daten

1 der Schwerbehindertenvertretung
Firma/Dienststelle: .... Standort: .... Stand: .... (aktuelles Datum)

Unabhängig von der für jedes Mitglied der Schwerbehindertenvertretung geltenden Schweigepflicht nach den gesetzlichen Vorschriften des § 179 Abs. 7 SGB IX möchte die Schwerbehindertenvertretung einen höchstmöglichen Sicherheits- und Prozessstandard beim Umgang mit personenbezogenen Daten sicherstellen und dauerhaft gewährleisten. Für die Schwerbehindertenvertretung der Firma/der Dienststelle/des Standorts .... gelten daher folgende Arbeitsanweisungen:

1. Sämtliche Informationen und Krankheitsdiagnosen (schriftlich oder mündlich mitgeteilt) dürfen nur nach freiwilliger schriftlicher Zustimmung der betroffenen Menschen in ihren jeweiligen Verfahren mit den Behörden und Versicherungen verwendet werden. Diese Daten dürfen daher grundsätzlich nur zu diesen Zwecken an Dritte weitergegeben werden; zum Beispiel gegenüber der Bundesagentur für Arbeit, den Integrationsämtern, den Rehabilitationsträgern.
2. Es ist sicherzustellen, dass Zugang zu personenbezogenen Daten, insbesondere über Beschäftigte angelegte Akten, nur die gewählte Schwerbehindertenvertretung hat. Alle entsprechenden Dokumente werden daher sorgfältig verschlossen aufbewahrt. Dies gilt auch für Dokumente, die zur Vernichtung vorgesehen sind. Die gewählten Stellvertreter werden entsprechend der gesetzlichen Vorgaben nur in ihrer Funktion aktiv, wenn sie für die Arbeit in der Schwerbehindertenvertretung freigestellt oder voll- bzw. teilweise von der Vertrauensperson zur Arbeit herangezogen worden sind.
3. Alle Akten mit personenbezogenen Daten werden mit »streng vertraulich« gekennzeichnet (z. B. Stempel).
4. Bevor eine Akte über den jeweiligen Beschäftigten angelegt wird, ist von diesem zwingend eine schriftliche Einwilligungserklärung einzuholen (Anlage 1).
5. Die Schwerbehindertenvertretung bewahrt keine Originale von amtlichen Bescheiden oder Befunden auf. Sind für ein Verfahren solche Dokumente aber notwendig, werden Kopien erstellt. Die Kopien werden den Betroffenen nach Abschluss des Verfahrens ausgehändigt oder gemäß Löschkonzept vernichtet.
6. Personenbezogene Daten, die elektronisch gespeichert werden, dürfen nur auf dem Laufwerk für die Schwerbehindertenvertretung gespeichert oder bearbeitet werden. Das Kopieren oder Speichern der Daten von

diesem Laufwerk auf ein anderes Medium ist untersagt. Der Zugang wird nur der gewählten Schwerbehindertenvertretung gewährt. Die hierfür erforderlichen Passwörter sind vertraulich zu behandeln und dürfen nicht weitergegeben werden.

7. Alle E-Mails, die aufgrund der Aufgaben der Schwerbehindertenvertretung intern versendet werden und personenbezogene Daten enthalten, sind mit dem Hinweis »vertraulich« zu senden. Der Postweg wird ausschließlich über verschlossene Briefe beschritten.
8. Scheidet ein Betroffener aus dem Unternehmen aus, werden diesem seine Akte und gespeicherte Dokumente, auf seinen Wunsch hin, entweder überreicht oder vernichtet. Die Information über das Ausscheiden eines Schwerbehinderten stellt der Personalbereich vierteljährlich zur Verfügung.
9. Löschfristen entfallen, da gemäß der Zweckbindung der Daten gem. Datenschutzgrundverordnung alle Daten nach ihrer Verwendung unverzüglich gelöscht, vernichtet oder ausgehändigt werden müssen.
10. Die sich aus dieser Arbeitsanweisung ergebenden Pflichten gelten auch nach dem Ausscheiden aus dem Amt entsprechend.

Obenstehende Arbeitsanweisung wurde am .... mit allen Mitgliedern der SBV besprochen und zur Kenntnis genommen.
Firma/Standort/Dienststelle ....

Ich habe die Arbeitsanweisung zur Kenntnis genommen:
Datum: __________ Name ____________________ Unterschrift ______________
Datum: __________ Stellvertreter ____________ Unterschrift ______________
Datum: __________ Stellvertreter ____________ Unterschrift ______________
Datum: __________ Stellvertreter ____________ Unterschrift ______________
Datum: __________ Stellvertreter ____________ Unterschrift ______________
Datum: __________ Stellvertreter ____________ Unterschrift ______________

Anlage 1

Einwilligungserklärung:

Hiermit willige ich ein, dass die Schwerbehindertenvertretung zur Erfüllung ihrer Aufgaben nach § 178 SGB IX, insbesondere zur Unterstützung bei der Antragstellung bzw. bei Korrespondenz mit Behörden, meine Unterlagen kopieren, ablegen und speichern darf.

Datenschutz

Dazu können auch besondere Arten personenbezogener Daten nach Artikel 9 DSGVO (speziell Gesundheitsdaten) gehören.

Die Schwerbehindertenvertretung ist zur Verschwiegenheit über meine Daten verpflichtet. Dies gilt auch gegenüber der Unternehmensleitung und gegenüber dem Personalbereich. Die erhobenen Daten sowie die darauf basierenden Arbeitsergebnisse werden in Papierform und/oder in elektronischer Form bei der Schwerbehindertenvertretung archiviert. Sie sind gegen unbefugten Zugriff gesichert und werden unter Verschluss aufbewahrt.

Die Bereitstellung meiner Unterlagen erfolgt freiwillig. Ich kann sie jederzeit beenden bzw. widerrufen. Mir ist bekannt, dass ich Auskunft über meine gespeicherten Unterlagen oder die Rückgabe zur Verfügung gestellter Unterlagen jederzeit verlangen kann.

Datum ______________ Name ____________________________________

____

Unterschrift

Rückgabe von Unterlagen

2

Hiermit bestätige ich, dass ich alle von mir der Schwerbehindertenvertretung zur Verfügung gestellten Unterlagen zurückerhalten habe (Seite 1 bis .....). Es sind keinerlei weitere Datensätze in welcher Form auch immer vorhanden.

Datum ______________ Name ____________________________________

____

Unterschrift

Verzeichnis von Verarbeitungstätigkeiten (VVT)

3 Daten, Prozesse und Zugriffe

Verarbeitungsvorgang	
Zweck der Verarbeitung und Rechtsgrundlage	
Datenformat	
Erhobene personenbezogene Daten	
Zuordnung nach: allgemein, sensibel, hoch sensibel	
Datenherkunft	
Datenempfänger	
Datenübergabeort (z. B. Papierform, E-Mail, Sharepoint, SAP)	
Ort der Datenverarbeitung (z. B. Papierform, E-Mail, Sharepoint, Laufwerk)	
Verarbeitungsprozess (Beschreibung)	
Ort der Datenablage/Datenspeicherung	
Verwendungszeitraum	
Fristen	

III. Ausstattung und Infrastruktur

Damit die Schwerbehindertenvertretung ihren Aufgaben nach dem SGB IX nachkommen kann, benötigt sie entsprechende Räume und Arbeitsmittel. Dabei geht der Gesetzgeber davon aus, dass die Räume und der Geschäftsbedarf, die bereits dem Betriebsrat für die laufende Geschäftsführung überlassen wurden, auch von der Schwerbehindertenvertretung genutzt werden sollen (§ 179 Abs. 8 und 9 SGB IX). Damit ist sie darauf angewiesen, dass der Betriebsrat diese »Mitnutzung« der ihm zur Verfügung gestellten Infrastruktur unterstützt.

Dabei können sich diverse Schwierigkeiten ergeben. Benötigt der Betriebsrat (insbesondere die freigestellten Betriebsratsmitglieder) die Büroarbeitsplätze vollständig und ganzzeitig selbst, kann die Schwerbehindertenvertretung einen Büroarbeitsplatz nicht gleichzeitig mitnutzen. Gleiches gilt auch, wenn der Büroarbeitsplatz des Betriebsrats nicht barrierefrei ist und entweder von der Schwerbehindertenvertrauensperson oder den ratsuchenden Beschäftigten nicht erreicht werden kann. Zudem muss der Büroarbeitsplatz so beschaffen sein, dass Unbefugte von vertraulichen Gesprächsinhalten keine Kenntnis erhalten, und auch nicht einsehbar ist, wer die SBV aufsucht. So kann es in vielen Fällen erforderlich sein, dass die Schwerbehindertenvertretung eigene Räume für ihre Tätigkeit benötigt. Für Besprechungen mit Betriebsrat und Arbeitgeber oder die Versammlung der Schwerbehinderten wird die Schwerbehindertenvertretung meist Räume nutzen, die auch dem Betriebsrat zur Verfügung stehen.

Auch die Sachmittel müssen die besonderen Bedarfe der Schwerbehindertenvertretung erfüllen, wie z. B. die Fachliteratur (Gesetze, Kommentierungen, Fachbücher oder Fachzeitschriften), die für die sachgerechte Tätigkeit der Schwerbehindertenvertretung erforderlich sind. Zwar verfügt der Betriebsrat über allgemeine Sozialrechtsbücher, dennoch wird die SBV meist speziellere und komplexere Fachliteratur benötigen. Auch die (technischen) Arbeitsmittel müssen häufig den besonderen Anforderungen der SBV entsprechen. Das kann sich aus einer gesundheitlichen Einschränkung der Vertrauensperson selbst oder der zu beratenden Person ergeben (z. B. behindertengerechter Monitor oder entsprechendes Headset, besondere Sitzmöbel, Tische oder Schränke).

Die Schwerbehindertenvertretung sollte sich daher mit dem Betriebsrat verständigen, wie die gemeinsame Nutzung der vorhandenen Räume und Sachmittel gelingen kann. Ist dies nur eingeschränkt oder gar nicht möglich, ist der Betriebsrat verpflichtet, mit dem Arbeitgeber Verhandlungen über eine Ausweitung der erforderlichen Räume und Sachmittel für die Arbeit der Schwerbehindertenvertretung aufzunehmen. Dies ergibt sich aus der Pflicht zur engen Zusammenarbeit zwischen Betriebsrat und Schwerbehindertenvertretung (§ 182 Abs. 1 SGB IX). Für diese Verhandlungen ist eine genaue Darstellung der Schwerbehindertenvertretung sehr hilfreich, welche Räume und welcher Geschäftsbedarf benötigt werden und welche ihr (ggf. aus welchen Gründen) nicht zur Verfügung stehen.
Weigert sich der Arbeitgeber die geforderten weiteren Räume und Arbeitsmittel zur Verfügung zu stellen, kann der Betriebsrat seine Forderungen im Zuge eines Beschlussverfahrens vor dem Arbeitsgericht geltend machen (§ 23 Abs. 3 BetrVG).
Arbeitgeber und Schwerbehindertenvertretung könne jedoch auch ohne Beteiligung des Betriebsrats vereinbaren, dass der Schwerbehindertenvertretung eigene Räume, Infrastruktur (z. B. Technik, Möbel, Bürobedarf) sowie Arbeitsmittel (z. B. Bücher, Fachzeitschriften) zur Verfügung gestellt werden. Dies wird durch den letzten Halbsatz im § 179 Abs. 9 SGB IX deutlich.
Die Schwerbehindertenvertretung sollte die erforderlichen Sach- und Arbeitsmittel vom Arbeitgeber einfordern und nicht einfach selbst anschafften. Es kann sonst passieren, dass der Arbeitgeber die Kosten hierfür nicht übernimmt. Erst wenn die Kostenübernahme (möglichst schriftlich) erklärt wurde, kann die SBV eigenständig Sach- und Arbeitsmittel beschaffen.
Zum Geschäftsbedarf, der für die Tätigkeit der Schwerbehindertenvertretung erforderlich ist, gehört unter anderem eine technische Ausstattung (z. B. für die laufende Geschäftsführung und Teilnahme an digitalen Sitzungen), Fachliteratur, Büromöbel (insbesondere Schreibtisch, Bürostuhl, abschließbare Schränke, Besprechungstisch mit Stühlen) und Büromaterial (z. B. Aktenordner, Schreibgeräte, Papier, Schreibtischutensilien). Zu Präsentationszwecken kann auch ein Flipchart, Metaplantechnik oder ein Beamer mit Leinwand bzw. Monitor erforderlich sein.
Zur ordnungsgemäßen Erfüllung der Aufgaben ist es zudem erforderlich, dass die SBV sich auf Grundlagenseminaren ein fundiertes Wissen über die Rechte und Pflichten sowie Aufgaben der Schwerbehindertenvertretung aneignet (§ 179 Abs. 4 Satz 3 SGB IX). Bei Spezialthemen wird in aller Regel auch der Besuch von Fachseminaren (z. B. zum Betrieblichen Eingliederungsmanagement oder der physischen/psychischen Gefährdungsbeurteilung) notwendig sein. Auch in diesen Fällen gilt eine Kostentragungspflicht des Arbeitgebers. Diese Verpflichtung des Arbeitgebers kann sich auch auf die erste stellvertretende Vertrauensperson sowie auf die hinzugezogenen Vertrauenspersonen erstrecken, wenn diese ihre

Tätigkeit nach dem SGB IX nur mithilfe der Seminare ordnungsgemäß erfüllen können. Anders als bei der Mitnutzung von Räumen und Geschäftsbedarf, ist die Schwerbehindertenvertretung bei der Teilnahme an erforderlichen Schulungsmaßnahmen nicht auf die Kooperation des Betriebsrats angewiesen, sondern entscheidet eigenständig.

4

Raumbedarf der SBV: Checkliste

- Wie viele Personen (Schwerbehindertenvertretung, Stellvertreter*innen und zu beratende Kolleg*innen) sind maximal gleichzeitig im Raum? (Für den Raumbedarf siehe Arbeitsstättenregel ASR A1.2)
- Ist der Raum hinreichend klimatisiert? (Temperatur und Luftfeuchtigkeit gem. ASR A3.5 und 3.6)
- Sind die Lichtverhältnisse geeignet für die Arbeit? (ASR A3.4)
- Sind die Zugänge barrierefrei?
- Sind die Räume barrierefrei? (ASR V3a.2)
- Können akustisch und optisch abgeschirmt vertrauliche Gespräche/Beratungen durchgeführt werden?
- Stehen abschließbare Schränke zur datenschutzkonformen Aufbewahrung vertraulicher Unterlagen zur Verfügung, die nur der SBV zugänglich sind?
- Sind Anschlüsse für elektronischen Medien vorhanden?

Antrag auf Übernahme der Kosten von Literatur

Schwerbehindertenvertretung/Firma   Ort, Datum
Vorname Name
Anschrift

Firma .....
Anschrift

Übernahme der Kosten durch den Arbeitgeber gemäß § 179 Abs. 8 SGB IX

Sehr geehrte(r) Herr/Frau .....,

die Schwerbehindertenvertretung hat beschlossen, dass die nachstehend aufgeführten Bücher/Zeitschriften für die ordnungsgemäße Durchführung ihrer Arbeit erforderlich sind:

1.	Autor	Titel	Preis
2.	Autor	Titel	Preis
3.	Autor	Titel	Preis

.....
Erforderlich ist die Anschaffung, weil .....
Gemäß § 179 Abs. 8 SGB IX bitten wir um Kostenübernahme.
Wir bitten um Bestätigung bzw. Rückmeldung. Für Rückfragen stehen wir gerne zur Verfügung.

Mit freundlichen Grüßen
Schwerbehindertenvertretung

____

Unterschrift Schwerbehindertenvertretung

6

Antrag auf erforderliche technische Ausstattung (Videokonferenz)

Schwerbehindertenvertretung/Firma Ort, Datum
Vorname Name
Anschrift

Firma .....
Anschrift

Erforderliche technische Ausstattung für (hybride) Videokonferenzen

Sehr geehrte Damen und Herren,

da die Schwerbehindertenvertretung laut § 178 Abs. 4 SGB IX das Recht hat an allen Sitzungen des Betriebsrats teilzunehmen und dieser in seiner Geschäftsordnung die Option für hybride Sitzungen eröffnet hat, ist eine entsprechende Technik für die Teilnahme an Videokonferenzen in einer Betriebsratssitzung nach § 179 Abs. 9 SGB IX erforderlich. Des Weiteren wird diese Ausstattung gebraucht, um mit den Reha-Trägern, Inklusionsämtern und Fachdiensten Beratungen und Kostenübernahmen abzuklären.
Ferner arbeitet auch die Schwerbehindertenvertretung mobil (Besuch von Fachseminaren, Homeoffice, Dienstreisen etc.), sodass auch aus diesen Gründen mobile technische Arbeitsmittel erforderlich sind.
Da die vorhandene technische Ausstattung des Betriebsrats von diesem selbst vollständig beansprucht wird, bedarf es einer eigenen zusätzlichen Ausstattung der Schwerbehindertenvertretung.
Zur erforderlichen Ausstattung gehören:

- Laptop oder Tablet mit entsprechender Software und einer Mindestgröße von ..... Zoll sowie einer Sichtschutzfolie. Die Sichtschutzfolie dient dem Datenschutz.
- Kamera (im Endgerät oder separat): Da der Betriebsrat für hybride Sitzungen die Videokonferenz der Telefonkonferenz vorzieht, ist dafür eine Bildübertragung erforderlich.
- Headset mit Mikrofon: Um sicher zu gehen, dass unbefugte Dritte keine Kenntnis von den Wortbeiträgen in einer Videokonferenz erhalten können.

Die erforderlichen Sachmittel müssen dem Stand der Technik entsprechen und ab dem ..... zur Verfügung stehen.
Für Rückfragen stehe ich gern zur Verfügung.

Mit freundlichen Grüßen
Schwerbehindertenvertretung

____

Unterschrift Schwerbehindertenvertretung

7

Mitteilung der SBV über die Teilnahme an einem Seminar

Schwerbehindertenvertretung/Firma Ort, Datum
Vorname Name
Anschrift

An die Geschäftsführung
der Firma .....
Anschrift

Mitteilung der Schwerbehindertenvertretung über die Teilnahme an einem Seminar für Vertrauenspersonen der schwerbehinderten Menschen gem. § 179 Abs. 4 und 8 SGB IX Beschluss der Schwerbehindertenvertretung

Sehr geehrte Damen und Herren,

hiermit teile/n ich/wir Ihnen mit,
❑ dass die Vertrauensperson der Schwerbehinderten
❑ der/die Stellvertretung der Vertrauensperson der Schwerbehinderten
Herr/Frau .....
vom ..... bis .....
am Seminar zum Thema .....
im Hotel in: .....
teilnimmt.
Vorsorglich hat die Schwerbehindertenvertretung Herrn/Frau ..... als Ersatzteilnehmer*in benannt.
Als notwendig wird die Schulung betrachtet, weil (*Gründe benennen*) .....
Da es sich hierbei um eine Schulungsveranstaltung handelt, die für die die Arbeit der Schwerbehindertenvertretung erforderliche Kenntnisse vermittelt, ist gemäß § 179 Abs. 4 und 8 SGB IX der Arbeitgeber/die Dienststelle verpflichtet, das Arbeitsentgelt während der Seminarzeit fortzuzahlen und die anfallenden Kosten zu erstatten.
Die betrieblichen Notwendigkeiten hinsichtlich der zeitlichen Lage der Schulungsveranstaltung wurden berücksichtigt. Die Ausschreibung des Seminars mit Angaben zu den Kostenarten, der Höhe der anfallenden Kosten und der Themenplan liegen diesem Schreiben bei.
Im Sinne der vertrauensvollen Zusammenarbeit bitte ich/bitten wir beiliegende Dokumente zu unterzeichnen, um einen reibungslosen Ablauf zu gewährleisten.

Ich/Wir bitte/n um Rückäußerung bis zum: ..... *(14 Tage).*

Mit freundlichen Grüßen
Schwerbehindertenvertretung

____

Unterschrift Schwerbehindertenvertretung/bzw. Stellvertreter*in

IV. Antragstellung Allgemeines

Beschäftigte im Betrieb, die sich erstmals mit einem Antrag auf »Feststellung einer Behinderung« konfrontiert sehen, sind oft stark verunsichert. »Ich bin doch nicht behindert!«, »Jetzt muss ich erstmal den ganzen Papierkram machen« oder »Jetzt wird mich mein Arbeitgeber kündigen« sind häufige Gedanken und Sorgen.

In dieser Situation hat die Schwerbehindertenvertretung die wichtige Aufgabe, den Betroffenen unterstützend zur Seite zu stehen und mit Hinweisen, Tipps und Ratschlägen zu einer reibungslosen Antragstellung beizutragen (§ 178 Abs. 1 SGB IX). Zu den Aufgaben der Schwerbehindertenvertretung gehört es **ausdrücklich nicht**, eine Rechtsberatung bei der Antragstellung und dem ggf. nachfolgenden Widerspruchverfahren anzubieten. Das gilt insbesondere auch für die Beantragung von Merkzeichen, die im Antrag nur angekreuzt und nach Vorliegen des Feststellungsbescheides im Widerspruchverfahren erläutert werden sollten, sowie die Aufforderung des Versorgungsamtes auf Rücknahme eines Widerspruchs. Hier sollte unbedingt zunächst eine professionelle Rechtsberatung erfolgen. Von einer Rechtsberatung durch die Schwerbehindertenvertrauensperson wird schon aus haftungsrechtlichen Gründen dringend abgeraten.

Die Unterstützung der Schwerbehindertenvertretung bei der Antragstellung kann darin liegen:

- über die Möglichkeit einer Antragstellung zu informieren (z. B. auf Betriebsversammlungen, in BEM-Gesprächen, in BR/PR-Sitzungen) und auf die Unterstützung hinzuweisen,
- aktuelle Anträge bereitzuhalten und bei Bedarf zur Verfügung zu stellen. Dabei sollte immer darauf geachtet werden, ausschließlich die jeweils aktuellen Anträge der Behörden und Institutionen zu verwenden. Vor allem im Internet kursieren immer noch veraltete Formulare.
- Hinweise an den/die Antragsteller*in zu geben, welche Unterlagen benötigt werden und in welcher Form (z. B. aktuelle Befunde, Entlassungsberichte, Atteste),
- die Betroffenen beim Ausfüllen der Anträge mit ihren Angaben zu unterstützen,

- Informationen weiterzugeben, wo sich Betroffene bei der Antragstellung zusätzlich beraten lassen können (z. B. behandelnde Ärzte, gewerkschaftliche Rechtsberatung, Rechtsberatung des VdK, Rechtsanwalt für Sozialrecht),
- über die Einreichung des Antrags und das weitere Verfahren zu informieren (z. B. Bescheid des Versorgungsamtes, Einspruchsfristen, Widerspruchsverfahren, Klageverfahren),
- über den betrieblichen, gesetzlichen, tariflichen Kündigungsschutz vor, während und nach der Antragstellung zu informieren.

Bereits diese Kenntnisse werden Betroffenen eine wertvolle Hilfe bei der Antragstellung sein.

Gleiches gilt auch für den Antrag zur Feststellung eines höheren Grades der Behinderung (»Verschlimmerungsantrag«). Hier kann die Schwerbehindertenvertretung über die Fristen, die erforderlichen Unterlagen, die Vorgehensweise und rechtlichen Beratungsstellen informieren. Auch bei dieser Antragstellung wird von einer Rechtsberatung durch die Schwerbehindertenvertretung ausdrücklich abgeraten.

Wird der Antrag nicht gleich positiv beschieden und mündet in ein Widerspruchsverfahren oder gar in eine Klage vor dem Sozialgericht, sollte die Schwerbehindertenvertretung den betroffenen Beschäftigten unbedingt unverzüglich an eine professionelle Rechtsberatung verweisen, da auch hier Fristen zu beachten sind. Eine wichtige Unterstützung der Schwerbehindertenvertretung kann hier darin liegen, die Rechtsberatung mit Informationen über die betriebliche Arbeitssituation und Handlungsmöglichkeiten zu versorgen. So kann in einem Widerspruchs- oder Gerichtsverfahren besser auf die konkrete Situation bezogen argumentiert werden.

Eine intensive Begleitung eines betroffenen Menschen vor, während und nach dem Antragsverfahren stärkt nicht nur das Vertrauen in die betriebliche Schwerbehindertenvertretung, sondern nimmt den Antragsteller*innen auch oft Ängste, Sorgen und psychischen Druck – alles Umstände, die zusätzlich zur bestehenden Erkrankung belasten.

8

Dein Termin bei der SBV – Terminzettel

Am ...... um ...... Uhr
Wo: ......
Bitte folgendes mitbringen:
Antrag auf GdB/Grad der Behinderung

- Ärztliche Unterlagen/Adressen der Ärzte/Fachärzte/Klinik/MdE/GdS
- Beschreibung der Auswirkungen von der Behinderung auf den privaten Bereich
- Beschreibung der Auswirkungen von der Behinderung auf den öffentlichen Bereich
- Beschreibung der Auswirkungen von der Behinderung auf den Arbeitsbereich
- Behinderungsbedingte Merkzeichen
- Steueridentifikationsnummer
- ......

Erstantrag auf Feststellung des Grades der Behinderung

Vorname Name
Anschrift

Ort, Datum

Name des Amtes
Anschrift

Erstantrag auf Feststellung des Grades der Behinderung

Sehr geehrte Damen und Herren,

beiliegend sende ich Ihnen meinen Antrag zur Feststellung des Grades der Behinderung, mit der Bitte, diesen wohlwollend und zeitnah zu prüfen.
Die Gesundheitsstörungen sowie die Ursachen hierfür, können Sie dem beigefügten Antrag im Detail entnehmen.
Ergänzend hierzu erwähne ich, dass ich durch die beschriebenen Beschwerden nicht mehr belastbar bin und mich die körperlichen und seelischen Beeinträchtigungen sowohl im Beruf wie auch im Privatleben täglich massiv einschränken. Darüber hinaus habe ich Mobilitätseinschränkungen und es ist eine große Herausforderung den Alltag zu bewältigen.
Aufgrund meiner Behinderungen und meines Alters bin ich auf die Schutzrechte aus dem Sozialgesetzbuch, Neuntes Buch (SGB IX), welches ein Gesetz zur Sicherung der Eingliederung schwerbehinderter Menschen in Arbeit, Beruf und Gesellschaft ist, dringend angewiesen.
Für Rückfragen können Sie mich gerne unter der Telefonnummer ..... anrufen.
Über eine positive Rückmeldung freue ich mich.

Mit freundlichen Grüßen
Vorname Name

____

Unterschrift

Anlage:
Erstantrag

10

Antrag auf Neufeststellung bestehender Behinderungen bzw./und Hinzutreten neuer Behinderungen

Vorname Name
Anschrift

Ort, Datum

Name des Amtes
(ggf. Name Ansprechpartner*in)
Anschrift

Antrag auf Neufeststellung bestehender Behinderungen bzw./und Hinzutreten neuer Behinderungen
– Feststellung eines höheren Grades der Behinderung
– Feststellung eines bzw. weiterer Merkzeichen
Aktenzeichen: .....

Sehr geehrte Damen und Herren,

beiliegend sende ich Ihnen meinen Antrag auf Neufeststellung wegen ...../ Feststellung eines höheren Grades der Behinderung/Feststellung eines bzw. weiterer Merkzeichen mit der Bitte, diesem stattzugeben und mir einen Grad der Behinderung in Höhe von mindestens 50 bzw. ..... zuzuerkennen.
Damit Sie sich ein Bild von meinem aktuellen Gesundheitszustand machen können, schildere ich Ihnen nachstehend die bei mir vorliegenden funktionellen Einschränkungen, die Auswirkungen auf alle Bereiche des täglichen Lebens haben:
.....
.....
Zusammenfassend ist festzustellen, dass ich nicht mehr belastbar bin sowie die körperlichen und seelischen Regelwidrigkeiten zu Beeinträchtigungen in Beruf und Gesellschaft geführt haben, die nicht nur von vorübergehender Natur sind und für das Lebensalter vom typischen Zustand abweichen. Darüber hinaus liegen weitere Einschränkungen, sowohl der Mobilität auf dem allgemeinen Arbeitsmarkt wie auch der Bewegungsfreiheit in der Gesellschaft und im häuslichen Bereich vor. Aufgrund meiner Behinderungen und meines Alters bin ich auf die Schutzrechte aus dem Sozialgesetzbuch, Neuntes Buch (SGB IX), welches ein Gesetz zur Sicherung der Eingliederung schwerbehinderter Menschen in Arbeit, Beruf und Gesellschaft ist, dringend angewiesen.

Mit freundlichen Grüßen
Vorname Name

____

Unterschrift

Anlage:
Antrag

11

Widerspruch gegen einen behördlichen Bescheid

Vorname Name
Anschrift

Ort, Datum

Name des Amtes
(ggf. Name Ansprechpartner*in)
Anschrift

Widerspruch
Aktenzeichen: .....

Sehr geehrte Damen und Herren,

ich lege gegen Ihren Bescheid vom ..... Widerspruch ein.
Eine Begründung wird bis zum ..... nachgereicht.

Mit freundlichen Grüßen
Vorname Name

____

Unterschrift

Widerspruch mit Antrag auf Akteneinsicht

Vorname Name
Anschrift

Ort, Datum

Name des Amtes
(ggf. Name Ansprechpartner*in)
Anschrift

Betreff: Widerspruch gegen Ihren Feststellungsbescheid vom .....
Aktenzeichen: .....

Sehr geehrter Herren und Damen,

hiermit lege ich gegen den obigen Bescheid vom ..... Widerspruch ein.
Ich bitte nach § 25 Absatz 1 SGB X um Akteneinsicht und Zusendung der ärztlichen Stellungnahmen sowie des Gutachtens durch den ärztlichen Dienst Ihres Hauses in Kopie.
Nach Erhalt der gewünschten Unterlagen werde ich meinen Widerspruch begründen.

Mit freundlichen Grüßen
Vorname Name

____
Unterschrift

13

Begründung des Widerspruchs (Grad der Behinderung, Bewegungseinschränkungen)

Vorname Name
Anschrift

Ort, Datum

Name des Amtes
(ggf. Name Ansprechpartner*in)
Anschrift

Begründung meines Widerspruches gegen Ihren ablehnenden Bescheid vom .....,
Aktenzeichen: .....

Sehr geehrte Damen und Herren,

bedingt durch den Bandscheibenvorfall in meiner Lendenwirbelsäule besteht bei mir seit Wochen eine anhaltende Bewegungseinschränkung schweren Grades. Dadurch bin ich längere Zeit arbeitsunfähig.
Ich habe mich über die SBV kundig gemacht und in den »Anhaltspunkten für ärztliche Gutachtertätigkeit« gefunden, dass dieser Umstand eine Schwerbehinderung von mindestens ..... Grad bedingt.
Beispiel für Beschreibung der Leiden:
Neben der schmerzhaften Bewegungseinschränkung im Bereich der Lendenwirbelsäule treten bei mir auch immer wieder Gefühlsstörungen im Bereich der Arme auf. Mein Hausarzt ist der Auffassung, dass diese Beschwerden am ehesten durch die Auswirkungen von Abnutzungserscheinungen im Bereich meiner Halswirbelsäule entstehen. Wenn ich die Anhaltspunkte für die ärztliche Gutachtertätigkeit richtig gelesen habe, entsprechen mittelgradige bis schwere funktionelle Auswirkungen in zwei Wirbelsäulenabschnitten sogar einem Grad der Behinderung von .....
Ich bitte Sie deshalb, Ihre Entscheidung nochmals zu prüfen und den Grad meiner Schwerbehinderung zu erhöhen.

Mit freundlichen Grüßen
Vorname Name

____
Unterschrift

Begründung des Widerspruchs (Grad der Behinderung, Verschlimmerung)

Vorname Name
Anschrift

Ort, Datum

Name des Amtes
(ggf. Name Ansprechpartner*in)
Anschrift

Widerspruch gegen Ihren Bescheid vom .....
Aktenzeichen: .....

Sehr geehrte Damen und Herren,

der von Ihnen angegebene GdB ist meines Erachtens viel zu niedrig angesetzt. In Ihrem Bescheid vom ..... wurde die von mir im Verschlimmerungsantrag vom ..... genannte Krankheit ..... nicht richtig berücksichtigt. Die Krankheiten ..... haben sich bei mir drastisch verschlimmert.
Deshalb bitte ich Sie, sich mit meinen behandelnden Ärzten:
1. Name, Anschrift
2. Name, Anschrift
3. Name, Anschrift
4. Name, Anschrift
in Verbindung zu setzen.
Neben den schmerzhaften Bewegungseinschränkungen im Bereich der Lendenwirbelsäule treten bei mir auch immer wieder Gefühlsstörungen im Bereich der Arme auf. Mein Hausarzt sagt, dass diese Beschwerden am ehesten durch die Auswirkungen von Abnutzungserscheinungen im Bereich meiner Halswirbelsäule entstehen. Wenn ich die Anhaltspunkte für die ärztliche Gutachtertätigkeit richtig gelesen habe, entsprechen mittelgradige bis schwere funktionelle Auswirkungen in zwei Wirbelsäulenabschnitten einem Grad der Behinderung von .....
In der Hoffnung auf einen baldigen, positiveren Bescheid verbleibe ich

mit freundlichen Grüßen
Vorname Name

____

Unterschrift

15 **Begründung des Widerspruchs (Grad der Behinderung, Merkzeichen G)**

Vorname Name
Anschrift

Ort, Datum

Name des Amtes
(ggf. Name Ansprechpartner*in)
Anschrift

Widerspruchsbegründung gegen Ihren Bescheid vom .....
Aktenzeichen: .....

Sehr geehrte Damen und Herren,

hiermit begründe ich meinen Widerspruch, den Bescheid dahingehend abzuändern, dass ein GdB von ..... und das Merkzeichen »G« festgestellt werden. Laut gutachterlicher Stellungnahme vom ..... mit Bescheid vom ....., stellte das Versorgungsamt ..... fest:

Muskelschwäche im Schultergürtelbereich	GdB: .....
Psychische Erkrankung	GdB: –
Nervenerkrankung	GdB: –
Gesamt:	**GdB: .....**

Meine behandelnden Ärzte und ich vertreten die Auffassung, dass die Funktionsstörungen so gravierend sind, dass der von Ihnen festgestellte GdB von ..... diesen Funktionsstörungen nicht entspricht. Einige Beschwerden wurden hier nicht integriert.
Hierzu nehme ich wie folgt Stellung:
Zuerst möchte ich darauf hinweisen, dass Sie die erforderlichen Befunde des Klinikums ....., sowie von Dr. ..... nicht angefordert haben, obwohl Sie gesetzlich dazu verpflichtet sind.
Entgegen der von Ihrem Gutachter geschätzten Muskelschwäche im Schultergürtelbereich, sind die Einschränkungen bei mir inzwischen in allen Körperbereichen. Das Laufen von bereits sehr kurzen Wegstrecken, das Treppensteigen sowie das Heben und Tragen von Lasten, ist nur unter Bewältigung erheblicher Schmerzen möglich.
Arbeiten, die über dem Kopf zu verrichten sind, können von mir aufgrund der starken Schmerzen im Schulterbereich, gar nicht mehr ausgeführt werden. Selbst bei einfachsten Aufgaben des täglichen Lebens, bin ich oft schon auf Hilfe angewiesen. Da permanente Schmerzen in erheblicher Intensität auch ständig in Ruhigstellung präsent sind, leide ich zudem unter akuten Schlafstö-

rungen. Dies hat zur Folge, dass ich mich am Tag ständig müde, abgeschlagen und in meiner Konzentrationsfähigkeit erheblich reduziert fühle.
In diesem Zusammenhang bitte ich Sie, den beiliegenden neuen Befundbericht von Dr. ..... in die Bewertung mit einzubeziehen.
Betrachtet man nun die nachfolgend eingefügten versorgungsmedizinischen Grundsätze zu Muskelkrankheiten, so kann es aus meiner Sicht keinen Zweifel geben, dass der GdB von Ihnen zu niedrig bemessen wurde.
Muskelkrankheiten: Bei der Beurteilung des GdB/MdE-Grades ist von folgenden Funktionsbeeinträchtigungen auszugehen:

- Muskelschwäche mit geringen Auswirkungen (vorzeitige Ermüdung, gebrauchsabhängige Unsicherheiten) **20– 40**
- mit mittelgradigen Auswirkungen (zunehmende Gelenkkontrakturen und Deformitäten, Aufrichten aus dem Liegen nicht mehr möglich, Unmöglichkeit des Treppensteigens **50– 80**
- mit schweren Auswirkungen (bis zur Geh- und Stehunfähigkeit und Gebrauchsunfähigkeit der Arme) **90–100**

Da bei mir, auch nach Aussage meiner Ärzte, von mittelgradigen Auswirkungen mit Sicherheit auszugehen ist, wäre hier ein GdB von ..... gerechtfertigt.
Bei diesem Erkrankungsbild treten erhöhte seelische Begleiterscheinungen auf, die gemäß VersMedV extra zu bewerten sind, mindestens mit einem GdB von ......
Werden diese Funktionsstörungen hinsichtlich ihrer Bedeutung für die berufliche und gesellschaftliche Mobilität beachtet, kann es keinen Zweifel geben, dass die Schätzung des GdB durch das Versorgungsamt den tatsächlichen Gegebenheiten nicht entspricht.
Besonders berücksichtigen sollten Sie die Tatsache, dass mich die Erkrankung schon seit Jahren stark behindert und somit viele berufliche und private Veränderungsmöglichkeiten bei mir nicht stattfinden konnten. Ich bitte Sie, meinen Vorgang nochmals sorgfältig zu prüfen.
In der Hoffnung auf einen baldigen positiven Bescheid verbleibe ich

mit freundlichen Grüßen
Vorname Name

____

Unterschrift

Anlagen

16

Begründung des Widerspruchs (Grad der Behinderung)

Vorname Name
Anschrift

Ort, Datum

Name des Amtes
(ggf. Name Ansprechpartner*in)
Anschrift

Widerspruchsbegründung gegen Ihren Bescheid vom .....
Aktenzeichen: .....

Sehr geehrte Damen und Herren,

meinen Widerspruch gegen Ihren Bescheid vom ..... begründe ich mit dem Antrag, diesen mit einem GdB von ..... zu bewilligen.
Laut Stellungnahme des Gutachters vom ..... stellte das *Amt* ..... fest:

1. Fehlstellung im Bereich WS	GdB .....
2. Schwindelerscheinungen	GdB .....
3. Reaktive Depression	GdB .....
4. Verschleiß Kniegelenke	GdB –
Gesamtschätzung:	**GdB** .....

Schon bei flüchtiger Betrachtung meiner Erkrankungen sollte das *Amt* ..... zu dem Entschluss kommen, dass die Einschätzung des Gutachters falsch ist. Meine Ärztin und ich halten Ihre Einschätzung nicht der Gesetzgebung entsprechend.
Deshalb bitte ich Sie, meine Erkrankungen ganzheitlich zu betrachten. Aus den Diagnosen geht eindeutig hervor, dass mein Berufs- und Privatleben wegen häufigen Erkrankungen und daraus resultierenden psychischen Störungen nicht mehr richtig gelebt werden kann.
Aus den Befunden von ..... kann man deutlich meine Erkrankungen und Einschränkungen ersehen. Meine schwere Zwangserkrankung, verbunden mit Zwangsgedanken, -impulsen und -handlungen führen dazu, dass ich beruflich und privat massiv eingeschränkt bin. Sämtliche Therapiemaßnahmen hatten bei mir bisher keinen Erfolg, sodass inzwischen meine Erwerbsfähigkeit massiv bedroht ist. Das hat mir mein Arbeitgeber auch schon mitgeteilt.
Notwendige Entscheidungen des täglichen Lebens kann ich kaum noch treffen. Ein geregeltes Privatleben ist nicht mehr möglich.
Nach Prüfung der versorgungsmedizinischen Grundsätze entspricht Ihre Bewertung nicht meinen tatsächlichen Behinderungen. Der GdB ist meiner Mei-

nung nach mindestens im mittelgradigen Bereich zu suchen, also mindestens mit einem Wert von ..... Zusätzlich führen meine chronischen Schmerzen zu einem aufgehobenen, qualitativ geminderten und zeitlich verminderten Leistungsvermögen, was auch als eigenständige Diagnose gewürdigt werden muss.

Gemäß internationaler Klassifikation der ICD (siehe Anlage) ist bei mir die Schwerbehinderteneigenschaft gegeben (siehe Befunde .....). Alkoholkrankheit und schwere depressive Episoden sind mit einem Gesamt-GdB von ..... nicht ausreichend in ihrer Schwere berücksichtigt worden ebenso die »Reaktive Depression«.

Besonders berücksichtigen sollten Sie aber auch die Tatsache, dass mich die Erkrankungen schon seit Jahren stark behindern. Somit haben viele berufliche und private Veränderungsmöglichkeiten bei mir nicht stattgefunden und ich fühle mich deshalb gegenüber gesunden Menschen stark benachteiligt. Auch im Erwerbsleben bekomme ich immer mehr Probleme, da ich viele Tätigkeiten nicht mehr ausführen kann und dauernd auf die Hilfe meiner Kolleg:innen angewiesen bin.

Werden diese Funktionsstörungen hinsichtlich ihrer Bedeutung für die berufliche und gesellschaftliche Mobilität betrachtet, kann es keinen Zweifel geben, dass die Schätzung des GdB durch ..... den tatsächlichen Gegebenheiten nicht entspricht. Ich bitte Sie daher um nochmalige Prüfung meines Antrages.

In der Hoffnung auf einen baldigen, positiveren Bescheid verbleibe ich

mit freundlichen Grüßen
Vorname Name

____
Unterschrift

Anlagen

17

Begründung des Widerspruchs (Grad der Behinderung, Merkzeichen G, Diabetes, Adipositas)

Vorname Name — Ort, Datum
Anschrift

Name des Amtes
(ggf. Name Ansprechpartner*in)
Anschrift

Widerspruchsbegründung
Aktenzeichen: .....

Sehr geehrte Damen und Herren,

gegen den von Ihnen erteilten Bescheid vom ..... erhebe ich Widerspruch. Ich bin der Ansicht, dass der von Ihnen festgesetzte GdB zu niedrig ist und ein GdB von mindestens ..... und das Merkzeichen G gerechtfertigt wären.
Begründung:
Laut gutachterlicher Stellungnahme vom ....., mit Bescheid vom ....., stellte das Versorgungsamt ..... fest:

1. Alkoholabhängigkeit	GdB .....
2. Zuckerkrankheit Typ 2	GdB .....
3. WS-Erkrankung	GdB .....
4. Darmerkrankung	GdB .....
5. Krampfader rechter Unterschenkel	GdB .....
6. Nabelbruch	GdB .....
7. Adipositas	Kein GdB

Der Gesamt-GdB wurde mit ..... eingeschätzt.
Nach Rücksprache mit meinen behandelnden Ärzten vertreten wir die Meinung, dass die Bewertung meiner Behinderungen nicht realistisch ist. Sie haben meinen Schwerbehindertenantrag nicht gesamtheitlich bewertet, sodass als Ergebnis ein völlig falscher Gesamt-GdB dargestellt wird.
Das Versorgungsamt sollte zu dem Entschluss kommen, dass die Einschätzung des Gutachters falsch ist. Mit meinem Widerspruch greife ich hauptsächlich den GdB und die Feststellungen unter Punkt ..... und ..... an.
Diabetes
Aus dem Befund von Dr. ..... geht deutlich hervor, dass es sich bei mir um Typ 2 – schwer einstellbar – handelt. Hinzu kommt die Behandlung mit Sulfonyllharnstoff Glimepirid, Metformin und Insulin. Des Weiteren ist als Folge-

schaden eine Claudicatio – Symptomatik des linken Beines und eine schlechte Compliance beschrieben, was einem GdB von ..... entsprechen sollte.

Adipositas

Auch wenn Adipositas für sich allein keine Krankheit ist, der ein GdB zugrunde liegt, so sind die Folgeschäden laut VersMedV zu berücksichtigen und zu bewerten. Neben dem festgestellten Bluthochdruck verursacht diese chronische Krankheit eine eingeschränkte Lebensqualität mit hohem Krankheitsrisiko. Bei mir macht sich dies durch Atemnot, Kurzatmigkeit, Schlafstörungen und Schmerzen in sämtlichen Gelenken bemerkbar. Die funktionalen Auswirkungen des gestörten Gehvermögens sind bei mir durch die Adipositas so nachteilig beeinflusst, dass ein Vergleich mit dem in Nr. 30 Abs. 3 der »Anhaltspunkte« genannten arteriellen Verschlusskrankheit gerechtfertigt ist und somit ein GdB von ..... und das Merkzeichen »G« der richtige Wert wäre (siehe auch nachfolgendes Urteil).

Landessozialgericht Berlin-Brandenburg – L 11 SB 1021/05 – Urteil vom 8.6.2006: Auch wenn kein Regelfall i.S.d. Nr. 30 Absatz 3ff. AHP (nun enthalten in VersMedV) vorliegt, kann eine erhebliche Gehbehinderung festzustellen sein. Bei der vergleichenden Betrachtung mit den Regelfällen kann sich nämlich ein Leidenszustand ergeben, der dem der Regelfälle entspricht. Dabei kann dann auch berücksichtigt werden, dass die inneren und orthopädischen Leiden so von einer – an sich keine Behinderung darstellenden – Adipositas verstärkt werden, dass in der Gesamtschau eine erhebliche Gehbehinderung vorliegt.

Laut Sozialgericht müssen bei der Schwere und Vielzahl von Erkrankungen, die sich gegenseitig verstärken, auch Zehnergrade in die Bewertung einfließen. Die aufgeführte WS–Erkrankung, Adipositas, Darmerkrankung, Nabelbruch und Krampfadern rechts, Unterschenkel belasten mich zusätzlich sehr, da ich kaum eine Nacht störungsfrei durchschlafen kann. Auch hier muss eine zusätzliche Bewertung in den Gesamt-GdB mit einfließen. Ich bitte Sie, meinen Vorgang nochmals zu prüfen und um antragsgemäße Entscheidung.

Mit freundlichen Grüßen
Vorname Name

____

Unterschrift

Anlagen

18

Begründung des Widerspruchs (Grad der Behinderung, Bewegungseinschränkungen)

Vorname Name
Anschrift

Ort, Datum

Name des Amtes
(ggf. Name Ansprechpartner*in)
Anschrift

Begründung meines Widerspruches gegen Ihren ablehnenden Bescheid vom .....
Aktenzeichen: .....

Sehr geehrte Damen und Herren,

bedingt durch den Bandscheibenvorfall in meiner Lendenwirbelsäule besteht bei mir seit ..... eine anhaltende Bewegungseinschränkung schweren Grades, die nun bei mir zu einer länger andauernden Arbeitsunfähigkeit geführt hat. Ich habe mich bei der Schwerbehindertenvertretung kundig gemacht und in den »Anhaltspunkten für ärztliche Gutachtertätigkeit« gefunden, dass dieser Umstand eine Schwerbehinderung mit mindestens einem GdB von ..... hervorruft.
Neben der schmerzhaften Bewegungseinschränkung im Bereich der Lendenwirbelsäule treten bei mir auch immer wieder Gefühlsstörungen im Bereich der Arme auf. Mein Hausarzt sagt, dass diese Beschwerden am ehesten durch die Auswirkungen von Abnutzungserscheinungen im Bereich meiner Halswirbelsäule entstehen. Wenn ich die Anhaltspunkte für die ärztliche Gutachtertätigkeit richtig gelesen habe, entsprechen mittelgradige bis schwere funktionelle Auswirkungen in zwei Wirbelsäulenabschnitten sogar einem Grad der Behinderung von .....
Ich bitte Sie deshalb, Ihre Entscheidung nochmals neu zu überdenken und den Grad meiner Schwerbehinderung auf ..... hochzusetzen.

Mit freundlichen Grüßen
Vorname Name

____
Unterschrift

Begründung des Widerspruchs (Grad der Behinderung, schwere Hautkrankheit)

19

Vorname Name
Anschrift

Ort, Datum

Name des Amtes
(ggf. Name Ansprechpartner*in)
Anschrift

Widerspruchsbegründung
Aktenzeichen: .....

Sehr geehrte Damen und Herren,

meinen Widerspruch gegen Ihren Bescheid vom ..... begründe ich mit dem Antrag, diesen dahingehend abzuändern, dass ein GdB von ..... anerkannt wird. Nach Rücksprache sowie eingehender Beratung durch meinen behandelnden Arzt, begründe ich meinen Widerspruch wie folgt:
Meine Erkrankung ist chronisch und wird mit Cortison (Salben, Tabletten) behandelt, welche enorme Nebenwirkungen haben. Meine Haut ist inzwischen so dünn, dass Blutungen kaum noch zu stillen sind. Das Erscheinungsbild abzudämpfen gelingt leider nur zu einem geringen Teil. Die Erkrankung ist dauerhaft vorhanden, sowohl im Leisten-, Achsel-, Afterbereich, verursacht Risswunden und Blasenbildung. Dadurch sind mein Arbeitsleben und meine private Lebensgestaltung außergewöhnlich belastet. Die vielen Krankenhausaufenthalte ohne Erfolge machen für die Zukunft wenig Mut und belasten mich inzwischen so sehr, dass von einem geregelten Tagesablauf oder Familienleben nicht mehr gesprochen werden kann.
Bei der Beurteilung des GdB von Hautkrankheiten sind Art, Ausdehnung, Sitz, Auswirkungen auf den Allgemeinzustand, Begleiterscheinungen (wie Jucken, Nässen, Brennen, unangenehme und abstoßende Gerüche) und die Rezidivbereitschaft bzw. Chronizität sowie Notwendigkeit wiederholter stationärer Behandlung zu berücksichtigen. Blasenbildende Hautkrankheiten bei generalisiertem Haut- und Schleimhautbefall, schwerer chronischer, über Jahre sich hinziehender Verlauf mit klinischer oder vergleichbar intensiver ambulanter Behandlungsnotwendigkeit mehrmals im Jahr sind nach VersMedV gesondert zu bewerten.
Da mich die Erkrankung dauernd und ohne erscheinungsfreie Zeiten belastet, Ist der GdB im obersten Bereich der Einschätzungsmöglichkeit zu suchen.

Antragstellung Allgemeines

Gemäß VersMedV ist ein Einzel-GdB von ..... angemessen. Besonders berücksichtigen sollten Sie, dass mich die Erkrankung schon seit Jahren stark behindert, viele berufliche, private Veränderungen zur Folge hatten, die mich gegenüber gesunden Menschen stark benachteiligen.
Ich bitte Sie deshalb, meinen Vorgang nochmals sorgfältig zu prüfen.

Mit freundlichen Grüßen
Vorname Name

____

Unterschrift

Begründung des Widerspruchs (Grad der Behinderung, Herzerkrankung)

20

Vorname Name Ort, Datum
Anschrift

Name des Amtes
(ggf. Name Ansprechpartner*in)
Anschrift

Widerspruchsbegründung
Aktenzeichen: .....

Sehr geehrte Damen und Herren,

meinen Widerspruch gegen Ihren Bescheid vom ..... begründe ich mit dem Antrag, den Bescheid dahingehend abzuändern, dass ein GdB von mindestens ..... anerkannt wird. Laut Stellungnahme des Gutachters vom ..... mit Bescheid vom ..... stellte das *Amt* ..... fest:

1. Koronare Herzerkrankung, Stentversorgung, Bluthochdruck	GdB = ...
2. Durchblutungsstörung r. Bein	GdB = kein
3. Adipositas	GdB = kein

Mit der Bewertung des Gesamt-GdB sind wir nicht einverstanden, da meine behandelnden Ärzte und ich die Auffassung vertreten, dass meine gravierenden Funktionsstörungen nicht ausreichend berücksichtigt wurden. Gemäß Ihrer Aufklärungspflicht halte ich es für wichtig und unerlässlich, dass Sie auch Dr. ..... zu meiner Erkrankung befragen. Ich bitte Sie dies nachzuholen. Weiterhin gibt es neue Untersuchungsunterlagen bei Dr. ....., die bei der Bewertung noch nicht mit eingeflossen sind.
Die Herzleistungsminderung ist deutlich schwerer als von Ihnen bewertet. Die Erkrankung belastet mich sehr. Ich stehe unter dauerndem psychischen Druck, bin schnell erschöpft und bekomme bei minimaler Belastung Herzrasen. Meine Durchblutungsstörungen im Bein bereiten mir ständige Schmerzen und Probleme.
Beruflich bin ich besonders betroffen, da ich im Wettbewerb mit gesunden Kollegen nicht mithalten kann und dabei ständig auf gewisse Rücksichtnahme angewiesen bin. Einen Gesamt-GdB von mindestens ..... benötige ich deshalb auch dringend, damit ich mit einem Gleichstellungsantrag meinen Arbeitsplatz erhalten kann.

Werden diese Funktionsstörungen hinsichtlich ihrer Bedeutung für meine Mobilität betrachtet, sollte die Schätzung des GdB durch das *Amt* ..... mindestens einen GdB von ..... ergeben.
Ich bitte Sie daher, meinen Vorgang nochmals sorgfältig zu prüfen. In der Hoffnung auf einen baldigen, positiveren Bescheid verbleibe ich

mit freundlichen Grüßen
Vorname Name

____

Unterschrift

Begründung des Widerspruchs (Grad der Behinderung, Allergie, Asthma)

21

Vorname Name
Anschrift

Ort, Datum

Name des Amtes
(ggf. Name Ansprechpartner*in)
Anschrift

Widerspruchsbegründung
Aktenzeichen: .....

Sehr geehrte Damen und Herren,

meinen Widerspruch gegen Ihren Bescheid vom ..... begründe ich mit dem Antrag, den Bescheid dahingehend abzuändern, dass ein GdB von mindestens ..... anerkannt wird. Laut Stellungnahme des Gutachters vom ....., mit Bescheid vom ....., stellte das *Amt* ..... fest: Lungenasthma, GdB ......
Wegen der Feststellung der Dauerhaftigkeit und Schwere meiner Erkrankungen, bitte ich Sie, auch meinen Hausarzt ....., wie im Antrag angegeben, zu kontaktieren. Mein behandelnder Arzt und ich vertreten die Auffassung, dass die Funktionsstörungen so gravierend sind, dass der von Ihnen festgestellte GdB von ..... diesen Funktionsstörungen nicht entspricht. Nachstehend schildere ich Ihnen meine aktuelle gesundheitliche Situation schildern, um dies zu verdeutlichen:
Schon über Jahre befinde ich mich wegen Allergien und Asthma in ärztlicher Behandlung. Die Allergien wirken sich besonders schwer auf mein Asthma aus, es kommt zu dauernden Anfällen. Dies belastet mich sehr. Es ist mir nicht mehr möglich, ein normales Leben zu führen (z. B. meine Hobbys wie Tierhaltung und Sport). Diese musste ich aufgeben, da ich gesundheitlich dazu nicht mehr in der Lage bin. Die Anfälle wirken sich negativ auf mein gewohntes Privatleben, meinen körperlichen Allgemeinzustand und mein psychisches Befinden aus. Dieses wurde von Ihnen nicht mitberücksichtigt. Betrachtet man die VersMedV, so ist ein GdB von ..... durchaus berechtigt.
Beruflich bin ich besonders betroffen, da ich im Wettbewerb mit gesunden Kollegen nicht mehr mithalten kann und dabei ständig auf gewisse Rücksichtnahme seitens meiner Vorgesetzten und Kolleg:innen angewiesen bin. Gerade hierfür benötige ich einen GdB von mindestens ...... Damit könnte ich einen Gleichstellungsantrag stellen und mit Hilfe der Schwerbehinderten-

vertretung versuchen, einen geeigneten Arbeitsplatz zu finden. Ich bitte Sie daher, meinen Vorgang nochmals sorgfältig zu prüfen.

Mit freundlichen Grüßen
Vorname Name

____
Unterschrift

Begründung des Widerspruchs (Grad der Behinderung, rheumatische Erkrankung)

22

Vorname Name Ort, Datum
Anschrift

Name des Amtes
(ggf. Name Ansprechpartner*in)
Anschrift

Widerspruchsbegründung
Aktenzeichen: .....

Sehr geehrte Damen und Herren,

meinen Widerspruch gegen Ihren Bescheid vom ..... begründe ich mit dem Antrag, den Bescheid dahingehend abzuändern, dass ein GdB von mindestens ..... anerkannt wird. Laut Stellungnahme des Gutachters vom ....., mit Bescheid vom ....., stellte das *Amt* ..... fest: Entzündliche rheumatische Erkrankung = GdB .....
Mein Arzt und ich sind der Auffassung, dass bei mir die Schwerbehinderteneigenschaft gegeben ist. Bisher wurden die mich behandelnden Ärzte noch nicht von Ihnen zur Abgabe einer Stellungnahme angeschrieben. Daher bitte ich Sie um medizinische Sachaufklärung und dass Sie gemäß Ihrer Aufklärungspflicht auf jeden Fall meinen Arzt Dr. ..... anschreiben, da dort neuere Befunde vorliegen. Danach müsste sich die Bewertung für Rheuma ändern.
Mit Ihrer Einschätzung des GdB liegen Sie im untersten Bereich Ihrer Einschätzungsmöglichkeiten. Meine behandelnden Ärzte und ich sind der Meinung, dass meine Erkrankungen wesentlich schwerer sind, als von Ihnen beurteilt. Wir sind nach Zuhilfenahme der Anhaltspunkte der Auffassung, dass ein GdB von ..... gerechtfertigt wäre.
Aus den Befunden geht deutlich hervor, dass neben den Händen weitere Gelenke, wie Hüfte, Knie, WS, Füße usw. betroffen sind. Aus der Beurteilung des Gutachters kann man eine diesbezügliche Berücksichtigung aber überhaupt nicht erkennen.
Meine Einschränkungen sind nächtliche und morgendliche Schmerzen der Fingergelenke, meist symmetrisch sowie eine Morgensteifigkeit dieser Gelenke, die über eine Stunde anhält. Diese Beschwerden erstrecken sich inzwischen über den gesamten Bereich der Wirbelsäule, den Knien und Beinen sowie den Schultergelenken. Das Laufen von bereits sehr kurzen Wegstre-

cken, das Treppensteigen sowie das Heben und Tragen von Lasten ist nur unter Bewältigung erheblicher Schmerzen möglich. Arbeiten, die über dem Kopf zu verrichten sind, können von mir aufgrund der starken Schmerzen im Schulter-/Armbereich kaum noch ausgeführt werden.
Selbst einfachste Aufgaben des täglichen Lebens, wie z. B. das An- und Ausziehen von Schuhen und Strümpfen, erweisen sich als schwierig. Da permanente Schmerzen, in erheblicher Intensität, auch ständig in Ruhigstellung präsent sind, leide ich unter akuten Schlafstörungen. Dies hat zur Folge, dass ich mich am Tage ständig müde, abgeschlagen und in meiner Konzentrationsfähigkeit erheblich reduziert fühle.
Aufgrund der starken Schmerzen in den Handgelenken, fällt es mir zunehmend schwerer, meine berufliche Tätigkeit auszuüben. Das belastet mich inzwischen auch psychisch sehr, was gemäß VersMedV auch bewertet werden muss. Werden diese Funktionsstörungen hinsichtlich ihrer Bedeutung für meine Mobilität betrachtet, kann es keinen Zweifel geben, dass die Bewertung des GdB durch das *Amt* ..... den tatsächlichen Gegebenheiten nicht entspricht.
Sollten die bei mir vorliegenden Funktionsstörungen und Behinderungen zurzeit die Schwerbehinderteneigenschaft nicht begründen, was eigentlich nach Aussage meines Arztes ..... unwahrscheinlich ist, so habe ich dennoch ein rechtliches Interesse an einem höheren GdB von mindestens ...... Eine solche Feststellung würde mich in die Lage versetzen, einen Gleichstellungsantrag gemäß § 151 Absatz 2 SGB IX beim örtlichen Arbeitsamt zu stellen, um mit dem Schutz des Schwerbehindertengesetzes meinen Arbeitsplatz zu erhalten.
Ich bitte Sie, meinen Vorgang nochmals sorgfältig zu prüfen.
In der Hoffnung auf einen baldigen, positiveren Bescheid verbleibe ich

mit freundlichen Grüßen
Vorname Name

____
Unterschrift

Begründung des Widerspruchs (Grad der Behinderung, psychische Erkrankung)

23

Vorname Name
Anschrift

Ort, Datum

Name des Amtes
(ggf. Name Ansprechpartner*in)
Anschrift

Widerspruchsbegründung
Aktenzeichen: .....

Sehr geehrte Damen und Herren,

meinen Widerspruch gegen Ihren Bescheid vom ..... begründe ich mit dem Antrag, den Bescheid dahingehend abzuändern, dass ein GdB von mindestens ..... anerkannt wird.
Laut Stellungnahme des Gutachters vom ....., mit Bescheid vom ....., stellte das *Amt* ..... fest:

Angstsymptomatik mit Panikattacken (weiterhin)	GdB	.....
Durchblutungsstörungen Beine (weiterhin)	GdB	.....

Der Gesamt-GdB wurde mit GdB ..... geschätzt.
Entgegen Ihrer Auffassung, der GdB von ..... sei angemessen, sind meine Ärzte und ich der Meinung, dass meine Funktionsstörungen so gravierend sind, dass die Schwerbehinderteneigenschaft bei mir gegeben ist.
Nach Rücksprache mit meinen Ärzten nehme ich wie folgt Stellung:
Die Aussage Ihres Gutachters, dass sich meine psychische Erkrankung seit ..... nicht verschlimmert hat, können mein Arzt und ich nicht nachvollziehen. Obwohl im Befund von Dr. ..... deutlich beschrieben, schildere ich Ihnen noch einmal meine persönlichen Einschränkungen während der Attacken.
Im Wesentlichen treten die Attacken ohne jegliche Vorankündigung auf. Dabei kommt es zu Angstgefühlen, bis hin zur Todesangst. Herzrasen, Erstickungsgefühle, Schwindelanfälle, starkes Schwitzen, Benommenheit usw. sind dann die Folgen. Die Anfälle sind chronisch und lange anhaltend. Störungen und Probleme in der Familie und der Arbeit sind dann die Folgen. Besonders berücksichtigen sollten Sie, dass ich diese Attacken jetzt schon über Jahre habe und sie immer schlimmer werden. Sieht man in die VersMedV, so kann es eigentlich keinen Zweifel geben, dass meine Einschränkungen mindestens mit mittelgradigen sozialen Anpassungsschwierigkeiten verbunden

sind und somit ein GdB von 50 der unterste Bereich ist. (Dr. ..... schreibt von erheblichen Beeinträchtigungen).
Die Erkrankung meiner Füße/Beine wurde ebenso im untersten Bereich geschätzt. Ich kann nur noch Kurzstrecken bis zu max. 500 m laufen, dann muss ich eine Pause einlegen. Dabei gibt es überhaupt keine schmerzfreien Zeiten mehr (siehe auch Befund Dr. ..... vom .....). Da dies auch gesamtheitlich mit meinen anderen Erkrankungen zu sehen ist, ist auch hier ein GdB von mindestens ..... wohl der richtige Wert. Auch beruflich bin ich besonders betroffen, da ich bei der Arbeit mit gesunden Kollegen nicht mehr mithalten kann und dabei ständig auf die Rücksichtnahme seitens meiner Vorgesetzten und Kollegen angewiesen bin.
Werden meine Funktionsstörungen hinsichtlich ihrer Bedeutung für die berufliche und gesellschaftliche Mobilität beachtet, kann es keinen Zweifel geben, dass die Schätzung des GdB durch das *Amt* ..... den tatsächlichen Gegebenheiten nicht entspricht.
Aufgrund der aufgeführten Fakten bitte ich Sie, meinen Antrag nochmals auf die Anerkennung der Schwerbehinderteneigenschaften zu prüfen.
In der Hoffnung auf einen baldigen, positiveren Bescheid verbleibe ich

mit freundlichen Grüßen
Vorname Name

____

Unterschrift

Begründung des Widerspruchs (Grad der Behinderung, Diabetes mellitus Typ 1)

24

Vorname Name
Anschrift

Ort, Datum

Name des Amtes
(ggf. Name Ansprechpartner*in)
Anschrift

Widerspruchsbegründung
Aktenzeichen: .....

Sehr geehrte Damen und Herren,

gegen Ihren Bescheid vom ..... erhebe ich Widerspruch, da mein Hausarzt und ich der Meinung sind, dass der von Ihnen festgesetzte GdB von ..... zu niedrig bemessen ist. Laut gutachterlicher Stellungnahme vom ..... mit Bescheid vom ..... stellt das Versorgungsamt fest: Diabetes mellitus Typ 1, GdB .....
Entgegen Ihrer Auffassung, der GdB von ..... sei angemessen, sind mein Arzt und ich der Meinung, dass bei mir die Schwerbehinderteneigenschaft durch meine massiven Funktionsstörungen gegeben ist.
Nach Rücksprache mit meinem Arzt nehme ich wie folgt Stellung:
Gemäß den Anhaltspunkten ist ein durch Diät und alleinige Insulinbehandlung gut einstellbarer Diabetes mellitus mit einem Einzel-GdB von ..... zu bewerten, ein schwer einstellbarer Diabetes, mit gelegentlichen, ausgeprägten Hypoglykämien mit einem Einzel-GdB von ...... Des Weiteren sind häufige, ausgeprägte Hypoglykämien sowie Organkomplikationen in ihren Auswirkungen entsprechend zusätzlich zu bewerten. Nach dem Wortlaut der Anhaltspunkte kommt es somit darauf an, ob der Diabetes gut oder schwer einstellbar ist. Diabetes kann auch schwer einstellbar sein, wenn diese mit häufigen Entgleisungen einhergeht. Betrachtet man die Rechtsprechung, die in mehreren Fällen genauso urteilte, so kann es keinen Zweifel geben, dass bei mir ein GdB von ..... anerkannt werden sollte.
Im Befund von Dr. ..... steht außerdem, dass meine Blutzuckerwerte schlecht sind. Da ich täglich 4-mal spritzen muss, belastet dies mich psychisch immer stärker. Auch mein Hobby Fußball musste ich schon aufgeben, da ich bereits nach kurzer Belastung kurzatmig und schlapp werde. Beruflich bin ich besonders betroffen, da ich bei der Arbeit mit gesunden Kollegen nicht mehr

mithalten kann und dabei ständig auf die Rücksichtnahme seitens meiner Vorgesetzten und Kollegen angewiesen bin.
Besonders berücksichtigt werden sollte, dass mich die Erkrankung inzwischen auch psychisch sehr stark belastet, vor allem durch die Befürchtung vor bleibenden Augenschäden. Viele berufliche und private Veränderungsmöglichkeiten finden bei mir nicht statt. Ich bin somit gegenüber gesunden Menschen sehr stark benachteiligt.
Werden diese Einschränkungen hinsichtlich ihrer Bedeutung für die berufliche und gesellschaftliche Mobilität beachtet, kann es keinen Zweifel geben, dass die Schätzung des GdB ..... durch das Versorgungsamt den tatsächlichen Gegebenheiten nicht entspricht.
Deshalb bitte ich Sie, meinen Vorgang nochmals sorgfältig zu prüfen und zu einem rechtsbehelfsfähigen Bescheid zu kommen.
In der Hoffnung auf einen baldigen, positiveren Bescheid verbleibe ich

mit freundlichen Grüßen
Vorname Name

____

Unterschrift

V. Gleichstellung

Menschen mit Behinderungen können die Feststellung der Schwerbehinderung und einen Schwerbehindertenausweis beanspruchen, wenn sie »körperliche, seelische, geistige oder Sinnesbeeinträchtigungen haben, die sie in Wechselwirkung mit einstellungs- und umweltbedingten Barrieren an der gleichberechtigten Teilhabe an der Gesellschaft mit hoher Wahrscheinlichkeit länger als sechs Monate hindern können«. Eine Schwerbehinderung liegt bei einem Grad der Behinderung von 50 oder mehr vor.

Menschen mit einem anerkannten Grad der Behinderung von weniger als 50 aber mindestens 30 können bei der Agentur für Arbeit eine Gleichstellung zu einem Schwerbehinderten beantragen, wenn sie ohne die Gleichstellung keinen geeigneten Arbeitsplatz bekommen oder den bestehenden nicht erhalten können (§ 2 Abs. 3 SGB IX). Ist also der Arbeitsplatz z. B. wegen häufiger behinderungsbedingter Erkrankungen in Gefahr, oder kann eine Tätigkeit wegen der Behinderung nicht mehr ausgeübt werden, kann das eine Gleichstellung rechtfertigen. Weitere Gründe für eine Gleichstellung können häufige behinderungsbedingte Abmahnungen, geringe behinderungsbedingte Belastbarkeit, eingeschränkte berufliche oder regionale Mobilität oder die regelmäßige Unterstützung durch Kolleg*innen sein. Auch ein behinderungsbedingtes Angebot des Arbeitgebers einen Aufhebungsvertrag zur Beendigung des Arbeitsverhältnisses zu unterzeichnen kann den Antrag begründen.

Bei der Arbeitsagentur kann ein Antragsformular telefonisch, elektronisch oder schriftlich bestellt werden. Bei einem persönlichen Erscheinen können erste Inhalte des Antrags in der Regel gleich vor Ort ausgefüllt werden. Der Antrag erfolgt mittels eines schriftlichen Formulars. Dabei kann der/die Antragsteller*in entscheiden, ob der Arbeitgeber zur Antragstellung befragt werden soll. Sind Nachteile zu befürchten, sollte die Agentur für Arbeit darauf hingewiesen werden, dass eine Kontaktaufnahme zum Arbeitgeber zu unterbleiben hat (im Antrag gibt es eine entsprechende Auswahlmöglichkeit zum Ankreuzen). Allerdings setzen sich einige Arbeitsagenturen über diesen Wunsch hinweg und kontaktieren den Arbeitgeber dennoch. Darauf sollte man vorbereitet sein.

Eine Gleichstellung kann auch vorsorglich in einem Parallelverfahren mit einem Antrag auf Feststellung einer Schwerbehinderung (Erstantrag) beantragt werden. Der Gleichstellungsantrag ruht dann, bis der Antrag auf Feststellung einer Schwerbehinderung entschieden ist. Aber **Achtung**: Die Arbeitsagenturen handeln nicht immer einheitlich. Nicht überall sind die fachlichen Weisungen oder die neueste Rechtsprechung bekannt. Mitunter hängt dies auch mit neuer (und in der Materie weniger erfahrener) Personalbesetzung zusammen.
Gibt es im Betrieb eine Schwerbehindertenvertretung, kann diese beim ersten Ausfüllen des Antrags behilflich sein. Damit sich die Agentur für Arbeit ein umfassenderes Bild über die betriebliche Situation machen kann, kann es hilfreich sein, eine Stellungnahme der Schwerbehindertenvertretung und/oder des Betriebsrats mit dem Antrag einzureichen. Wegen standardisierter Prozesse kann es vorkommen, dass die Arbeitsagentur während des Verfahrens nochmal eine Stellungnahme anfordert.
Arbeitgebern ist oft unklar, dass sie mit einem gleichgestellten Beschäftigten auch Vorteile erlangen. Gleichgestellte Menschen können bei der Beschäftigungspflichtquote mitberücksichtigt werden (§ 154 SGB IX) und so die Ausgleichsabgabe reduzieren, wenn die Quote von 5 % bisher nicht erreicht wurde. Weiterhin können sie für einen gleichgestellten Beschäftigten Leistungen des Inklusionsamtes erhalten und so den Arbeitsplatz, das Fachwissen und eine eingearbeitete Arbeitskraft erhalten (z. B. Lohnkostenzuschüsse oder Unterstützung bei der Ausstattung eines leidensgerechten Arbeitsplatzes, Betreuung durch den Integrationsfachdienst).
Menschen mit einer anerkannten Gleichstellung erhalten dieselben Rechte wie schwerbehinderte Menschen – mit wenigen Ausnahmen: sie erhalten keinen Zusatzurlaub (§ 208 SGB IX), haben keinen Anspruch auf kostenlose Beförderung im öffentlichen Personennahverkehr (§ 228 SGB IX) und können keine vorgezogene Altersrente für Schwerbehinderte beantragen (§ 37 SGB VI).
Für die betroffene Person selbst eröffnet eine Gleichstellung den Zugang zum behinderungsbedingten Nachteilsausgleich. Hieraus folgt nicht nur der besondere Kündigungsschutz für Schwerbehinderte, sondern auch der allgemeine Zugang zu Leistungen des Inklusionsamtes sowie ein Anspruch auf Steuerfreibeträge für Behinderte (bei GdB 30: 620 Euro, bei GdB 40: 860 Euro, bei GdB 50: 1140 Euro, bei GdB 60: 1440 Euro, bei GdB 70: 1780 Euro, bei GdB 80: 2120 Euro, bei GdB 90: 2460 Euro, bei GdB 100: 2840 Euro, bei Merkzeichen Bl, TBl, H: 7400 Euro im Jahr, Stand 2025).
Gleichgestellte Beschäftigte sind im Betrieb berechtigt an den Wahlen der Schwerbehindertenvertretung teilzunehmen. Zudem können Gleichgestellte an den Schwerbehindertenversammlungen teilnehmen und sich dort über die besonderen betrieblichen Angelegenheiten, Planungen oder Leistungen für Menschen mit Behinderung informieren. In vielen Betrieben gibt es zudem Leistun-

gen in Betriebsvereinbarungen oder aus Tarifverträgen, die sich auch auf gleichgestellte Personen erstrecken. Hier kann die Schwerbehindertenvertretung oder der Betriebsrat Auskunft geben.
Eine Gleichstellung wird durch den zugestellten Bescheid in der Regel mit dem Tag der Antragstellung wirksam. Gegen einen Ablehnungsbescheid kann binnen einer Frist von einem Monat Widerspruch eingelegt werden. Der Ablehnungsbescheid enthält in der Regel eine Rechtsbehelfsbelehrung, die darüber informiert innerhalb welcher Frist und an welche Adresse der Widerspruch geschickt werden muss.
Bei der Formulierung des Widerspruchs sollte unbedingt die Unterstützung durch eine Rechtsberatung in Anspruch genommen werden (z. B. der kostenlose Rechtsschutz der jeweiligen Gewerkschaft, eine fachkundige Anwaltskanzlei oder der Sozialverband), denn der Widerspruch muss gut begründet werden. Er sollte genau darlegen, aus welchen Gründen die Ablehnung falsch ist, welche Sachverhalte nicht hinreichend berücksichtigt oder fehlerhaft interpretiert wurden oder welche neuen Gründe für eine Anerkennung einer Gleichstellung zwischenzeitlich hinzugekommen sind. In der Regel werden die antragstellende Person und die Schwerbehindertenvertretung zu einer mündlichen Anhörung geladen, bei der die Begründung und betrieblichen Sachverhalte noch einmal dargelegt werden (§ 203 SGB IX).
Bleibt auch das Widerspruchsverfahren erfolglos, kann im nächsten Schritt eine Klage vor dem Sozialgericht eingereicht werden. Auch hier ist wiederum die gesetzte Frist zu beachten.
Der Gleichstellungsantrag kann seit August 2022 auf der Seite der Bundesagentur für Arbeit heruntergeladen werden. Somit ist immer der aktuelle Gleichstellungsantrag abrufbar: *https://www.arbeitsagentur.de/menschen-mit-behinderungen/spezielle-hilfe-und-unterstuetzung/gleichstellung*.

Dein Termin bei der SBV – Terminzettel

25 Am ...... um ...... Uhr
Wo: ......
Bitte folgendes mitbringen:
Antrag auf Gleichstellung

- Ausfallzeiten durch die Behinderung, bei der Krankenkasse anfordern
- Feststellungsbescheid mit GdB 30–40 mit Befund
- Rentenversicherungsnummer
- Attest des Arztes über die Behandlung der letzten sechs Monate
- Beschreibung des Arbeitsplatzes, Tätigkeiten, Auswirkung der Behinderung
- Liegen Einschränkungen des Leistungsvermögens vor, wenn ja, welche?
- ......

Muster und Hinweise zum Antrag auf Gleichstellung gemäß § 2 Abs. 3 SGB IX[1] 26

Der Antrag auf Gleichstellung ist zu begründen. Der Begründung muss zu entnehmen sein, dass die Ursache für die Wettbewerbsnachteile auf dem Arbeitsmarkt in der Behinderung liegt und nicht etwa ein anderer Grund besteht – beispielsweise eine mangelnde Qualifikation. Bei der Gleichstellung geht es darum, dass behinderte Menschen keine beruflichen Nachteile erleiden im Wettbewerb mit gesunden. Der Antrag zur Gleichstellung kann telefonisch, schriftlich oder persönlich bei der Bundesagentur für Arbeit gestellt werden (Erfassungsfenster oben rechts).

Die Beantragung kann formlos erfolgen, danach wird dem Antragsteller der Antrag zugesandt. Ist der Antrag bei der Agentur für Arbeit eingegangen, wird diese beim Arbeitgeber, bei Ihnen als SBV oder auch beim Betriebs-/Personalrat nachfragen, ob der Arbeitsplatz wirklich durch die Behinderung gefährdet ist. Veränderungen, die alle Beschäftigten gleichermaßen betreffen (z. B. eine Betriebsschließung, allgemeiner Stellenabbau, Werks- oder Teilschließungen), rechtfertigen keine Gleichstellung. Der Schutzbereich der Gleichstellung erstreckt sich auf zwei Situationen:

- Erhöhung der Chancen zur Erlangung eines neuen Arbeitsplatzes.
- Sicherung des aktuellen Arbeitsplatzes.

Hinweise zum Antrag

A. Die Angaben zur Person sind unkritisch

- **Zu Ziff. 5**: Rentenversicherungsnummer liegt beim Antragsteller vor. Wenn die Notwendigkeit für Leistungen zur Teilhabe am Arbeitsleben oder einer medizinischen Reha festgestellt werden, werden die zuständigen Rehaträger automatisch hinzugezogen.
- **Zu Ziff. 6**: Die Kundennummer kann ggf. offengelassen werden und wird evtl. erstmals vergeben.
- **Zu Ziff. 11. u. 12**: Die Telefonnummer und E-Mail-Adresse sollten auf jedem Fall angegeben werden, da eventuell Rückfragen auftreten können und so schneller geklärt werden können.

---

1 Muster und Informationsblatt zum Gleichstellungsantrag sind abrufbar unter *https://www.arbeitsagentur.de/menschen-mit-behinderungen/spezielle-hilfe-und-unterstuetzung/gleichstellung*. In die hier folgenden Hinweise eingeflossen sind Auszüge aus der Zeitschrift Schwerbehindertenrecht und Inklusion, *Hohner/Schmalix*, Die richtige Begründung zählt, SuI 7/2019, S. 6 ff.

B. Angaben zum Grad der Behinderung

Achtung hier gibt es eine gravierende Änderung, es muss noch **kein GdB** vorliegen, aber das Antragsverfahren muss durch die Antragstellung begonnen haben!
Siehe **fachliche Weisung** in der aktuellen Form: Bundesagentur für Arbeit, *https://www.arbeitsagentur.de/ueber-uns/veroeffentlichungen/gesetze-und-weisungen*
Solange nicht über die Zuerkennung eines Grades der Behinderung, einen Widerspruch oder eine Klage entschieden wurde, wird der Antrag ruhend gestellt. Er wird dann bearbeitet, wenn die/der Antragsteller:in einen GdB von unter 50 und mindestens 30 zuerkannt bekommt und dies der Arbeitsagentur mitteilt (siehe § 60 und § 66 SGB I, Angabe von Tatsachen und Mitwirkungspflicht).

C. Angaben zum Arbeitsverhältnis und zur Tätigkeit

Hier zählt vor allem der zurzeit ausgeübte Arbeitsplatz (es muss nicht der erlernte Beruf sein). Es hilft bei der Antragstellung, wenn eine **Arbeitsplatz- und** eine **Arbeitsaufgabenbeschreibung** vorliegt.
Bitte überprüfen, ob die tatsächlichen Arbeiten noch mit der Arbeitsaufgabe übereinstimmen, Überprüfen der Gefährdungsbeurteilung (§§ 3–6 Arbeitsschutzgesetz, Arbeitsstättenregeln V 3a, 2 Barrierefreiheit).

- **Zu Ziff. 34**: Wenn die **Tätigkeit ohne Einschränkungen ausgeführt werden kann**, gibt es i.d.R. **keine Gleichstellung**, weil der Arbeitsplatz geeignet und nicht durch die Behinderung gefährdet ist. Kann die Tätigkeit mit behinderungsbedingten Einschränkungen weiterhin ausgeführt werden, müssen diese näher beschrieben werden. Gleiches gilt, wenn die bisherige Tätigkeit nicht mehr ausgeübt werden kann.
- **Zu Ziff. 36**: Diese Frage bezieht sich auf Frage 35. Hier war dann ggf. die innerbetriebliche Umsetzung erfolglos.
- **Zu Ziff. 37**: Eine Gleichstellung ist gem. § 156 SGB IX nur bei einer Wochenarbeitszeit von min. 18 Stunden möglich.
- **Zu Ziff. 38 u. 39**: Arbeitsbedingungen genau beschreiben, evtl. Foto. Diese können sich wie folgt auswirken:
  - **Wiederholte/häufige behinderungsbedingte Fehlzeiten**
    Hier hilft ein Auszug der Arbeitsunfähigkeitstage durch die GKV, nur die Behinderung betreffend siehe **Ziff. 46 und 47**.
  - **verminderte Arbeitsleistung, auch bei behinderungsgerecht ausgestattetem Arbeitsplatz**
    Wer hat die Arbeitsleistung beurteilt?
    Wer macht die Aussage?

- Siehe: § 87 BetrVG **Mitbestimmungsrechte**, § 78 BPersVG sowie die LPersVG der einzelnen Bundesländer, § 3–6 ArbSchG Gefährdungsbeurteilung, **Angelegenheiten, in denen der Personalrat zu beteiligen ist**
- **dauernde verminderte Belastbarkeit**
  (psychische/physische Fehlbelastungen – Depressionen Stufe 1 bis 12)
  Hinweis auf die Einnahme von Medikamenten, Auswirkung von Medikamenten auf den Antragsteller, Veränderungen durch Medikamente auf die Person/Persönliches Verhalten
- **Abmahnung oder Abfindungsangebote im Zusammenhang mit behinderungsbedingt verminderter Leistungsfähigkeit**
  Siehe § 2 SGB IX Begriffsbestimmung, neue Definition des Behindertenbegriffes
  Verstoß gegen das AGG
- **auf Dauer notwendige Hilfeleistung anderer Mitarbeiter**
  Siehe: fachliche Weisung, Nr. 4 Übergreifendes Verfahren
- **eingeschränkte berufliche und/oder regionale Mobilität aufgrund der Behinderung**
  Siehe § 2 SGB IX Begriffsbestimmung, neue Definition des Behindertenbegriffes
  und § 3 SGB IX Prävention, eventuell ein **berufliches Assessment** in einem **Berufsförderungswerk zur Beschäftigungssicherung**

- **Zu Ziff. 43 u. 44**: Bei besonderem Kündigungsschutz als Betriebs- oder Personalratsmitglied steht nicht der Kündigungsschutz, sondern die behinderungsgerechte Gestaltung des Arbeitsplatzes und der Arbeitsbedingungen im Vordergrund.

D. Begründung des Antrags und Angaben zur Tätigkeit

Der Antrag zur Gleichstellung geht immer von einer **konkreten Gefährdung des Arbeitsplatzes** aus. Eine Gleichstellung erfolgt nur, wenn **der Arbeitsplatz wegen der Behinderung konkret gefährdet ist.**

Hierfür sei eine drohende oder gar ausgesprochene Kündigung nicht zu fordern. Die Kündigung des Antragstellers muss, so das Bundessozialgericht (BSG), noch nicht einmal im Raum stehen. Von einer **konkreten Gefährdung** des Arbeitsplatzes ist auszugehen, wenn der Arbeitsplatz durch den mit der Gleichstellung mit Schwerbehinderten verbundene Kündigungsschutz sicherer werde. Das ist zum Beispiel der Fall, wenn die krankheitsbedingten Fehlzeiten so hoch sind, dass sie nach der Rechtsprechung des BAG eine Kündigung rechtfertigen würden (BSG 6.8.2014 – B 11 AL 16/13 R).

Hinweis: Jede Agentur für Arbeit bietet dazu eine Beratung an. Diese ist im Vorfeld zu empfehlen. Gemeinsam mit dem/der Sachbearbeiter:in lassen sich die erforderlichen Angaben besser darstellen und formulieren (ggf. Anfrage an das örtliche BA Reha-Team).

- **Zu Ziff. 45**: Die Auswirkung von Behinderung auf den Arbeitsplatz genau beschreiben, eventuell die **Arbeitshilfe zum Antragsverfahren** beiziehen, manchmal hilft auch ein Foto/Schaubild Mensch von Arbeiten die nicht mehr ausgeübt werden können wie z. B. Überkopfarbeit, Bücken, Heben, Drehbewegungen, usw. Wenn der Platz nicht ausreicht, bitte Beiblatt hinzufügen! Auf der Letzten Seite die genaue Anzahl der Beiblätter aufführen. Siehe: Fachliche Weisung, **4.1 Sachverhaltsaufklärung**
- **Zu Ziff. 47 – 51**: Bei hohen Fehlzeiten kann die Agentur für Arbeit eine Untersuchung durch ihre Ärzte verlangen; außerdem werden vorhandene medizinische Unterlagen angefordert.
- **Zu Ziff. 49**: Achtung, bei fortbestehender Arbeitsunfähigkeit kann der Antrag ruhend gestellt, bis der Hausarzt die AU aufhebt und der Antragsteller dies der Agentur für Arbeit mitteilt.
- **Zu Ziff. 50**: Wurde eine Wiedereingliederung abgebrochen, besteht die Arbeitsunfähigkeit fort.
- **Zu Ziff. 51**: ggf. auf einem Beiblatt alle Ergebnisse/Veränderungen beschreiben. (Siehe auch **Ziff. 45**)
- **Zu Ziff. 52**: Wenn hier »ausschließlich« angekreuzt wird, ist eine Gleichstellung eher unmöglich, weil alle Arbeitnehmerinnen gleichermaßen betroffen sind und der Arbeitsplatzverlust nicht durch die Behinderung droht.
- **Zu Ziff. 52 u. 53**: Achtung: Rationalisierung, allgemeiner Stellenabbau, Sozialplan, Auftragsmangel usw. rechtfertigen keine Gleichstellung, da auch alle anderen Beschäftigten betroffen sind.
- **Zu Ziff. 55**: Hier gehören auch mündliche Abmahnungen durch Vorgesetzte hin. Hinweis auf fehlende Prävention bei Fehlzeiten länger 6 Wochen, § 167 SGB IX/BEM
- **Zu Ziff. 72**: Soll eine Befragung des Arbeitgebers ausgeschlossen werden, so muss dies begründbar sein. Evtl. ist sonst die Gleichstellung erschwert.

Textvorschläge zur Begründung der Gleichstellung

27

Arbeitseinschränkung

Mein Arbeitsplatz (*Beschreibung* .....) ist zwar gut ausgestattet, dennoch kann ich meine Arbeit nicht in der gleichen Qualität und Quantität leisten wie ein Arbeitnehmer, der nicht behindert ist. Meine Arbeitsresultate weichen daher deutlich von denen meiner Kolleginnen und Kollegen im gleichen Aufgabenbereich ab. Aufgrund einiger Bandscheibenvorfälle und den damit verbundenen Rückenbeschwerden kann ich während einer Montageschicht die erforderlichen Stückzahlen nur noch erfüllen, indem Arbeitskollegen mir beim Heben von Lasten über drei Kilo helfen. Aufgrund meiner krankheitsbedingten Minderleistung sind die Kollegen unzufrieden, da sich meine geringe Arbeitsleistung aufgrund des Akkordentgelts auch auf deren Bezahlung auswirkt. Deswegen hat mich mein Arbeitgeber auch schon bereits zum Personalgespräch einbestellt und mir mit Verlust des Arbeitsplatzes gedroht.

Seelische Behinderung

(Medikamenteneinnahme und Dosierung angeben, Facharzt angeben, hier reicht der Hausarzt nicht aus)
Obwohl ich seit ..... bei der Firma beschäftigt bin, besteht für mich eine große Gefahr meinen Arbeitsplatz zu verlieren. Ich bin den heutigen Leistungsanforderungen aufgrund meiner Behinderung nicht mehr so gewachsen. Mein seelisches Leiden, in Verbindung mit meinen anderen Behinderungen hindern mich die Bedienung der neuen computergesteuerten Maschinen zu erlernen. Mein Lebensalter und die Sorge um meinen Arbeitsplatz wirken sich negativ auf meinen Gesundheitszustand aus und verstärken noch die Auswirkungen meiner Behinderung. Nur unter Aufbietung aller Kräfte ist es mir möglich, den Arbeitstag zu überstehen. Stress und Leistungsdruck soll ich nach Meinung meiner Ärzte vermeiden.
Zusammenfassend ist festzustellen, dass ich mit massiven Beeinträchtigungen im Arbeitsleben konfrontiert bin. Daher bin ich auf die Schutzrechte aus dem SGB IX dringend angewiesen. Eine Gleichstellung würde die Sorge um den Verlust meines Arbeitsplatzes aufheben und mir diesen sichern.

Wirbelsäule

(Facharztbericht beilegen)
Die bei mir bestehenden gesundheitlichen Probleme haben dazu geführt, dass ich in meiner Beweglichkeit stark eingeschränkt bin und keine schweren Arbeiten mehr verrichten soll. Ausschlaggebend dafür ist, dass ich unter Ver-

schleißerscheinungen der Wirbelsäule mit Fehlhaltung und Halswirbelsyndrom leide, wie es nach langer Tätigkeit als Dreher in meinem Beruf üblich ist. Darüber hinaus leide ich noch an (*Aufzählung und Beschreibung* .....). Sodass ein Einsatz an den Maschinen und im Akkord auf Dauer nicht mehr möglich sein wird. Aufgrund meiner Behinderung und den Auswirkungen bin ich den Leistungsanforderungen nicht mehr gewachsen. Nur unter großer Mühe überstehe ich den Arbeitstag. Ich mache mir große Sorgen, dass ich meinen Arbeitsplatz verliere, weil ich auch oftmals wegen meiner Behinderung arbeitsunfähig bin.
Eine Gleichstellung würde die Sorge um den Verlust meines Arbeitsplatzes aufheben und mir diesen mit Hilfe der Leistungen des Inklusionsamtes sichern.

Diabetes

Ich arbeitet seit dem ..... in unserem Unternehmen als Zerspaner. Der GdB beträgt ...... Aufgrund meiner Diabeteserkrankung brauche ich einen behindertengerechten Arbeitsplatz. Ich muss bis zu fünf Mal meinen Blutzucker kontrollieren und zu den Mahlzeiten den Blutzuckerspiegel durch Spritzen von Insulin zu regulieren. Dazu muss ich während der Arbeit immer in die Umkleide gehen. Meine Kolleginnen und Kollegen haben kein Verständnis, dass ich bis zu vier Mal 10 bis 15 Minuten vom Arbeitsplatz weg bin. Die Sorge um meinen Arbeitsplatz wirkt sich sehr belastend auf meinen Gesundheitszustand aus, der sich dadurch auch verschlechtert. Durch eine Gleichstellung und den damit verbundenen Schutz, der Hinzuziehung des Integrationsfachdienstes, würde ich die Möglichkeit bekommen, den jetzigen Arbeitsplatz dauerhaft zu sichern.

Stellungnahme der Schwerbehindertenvertretung

- Es sollte keine Stellungnahme zu der Befragung durch die Bundesagentur für Arbeit erfolgen, ohne das mit dem/der Antragsteller*in gesprochen wurde!
- In der Stellungnahme ist auf die behinderungsbedingten Gefährdungen des Arbeitsplatzes einzugehen.
- Erforderlich ist eine Tätigkeitsbeschreibung der tatsächlichen Tätigkeit, evtl. Fotos der Tätigkeiten, die behinderungsbedingt nicht ausgeführt werden können (Einschränkungen beweisen), soziales Umfeld, sind die Kollegen eingebunden und geben unbewusst Hilfestellung (Tätigkeitsfolge betrachten). Hier hilft die Arbeitsplatz- und Aufgabenbeschreibung durch den Arbeitgeber. Die Gefährdungsbeurteilung kann hier durchaus hilfreich sein.
- Die Beweislast der Gefährdung des Arbeitsplatzes trägt der Antragsteller/die Antragstellerin, hilfreich ist hier, dass der Antrag zur Gleichstellung vorliegt, die Autoren können das nur bekräftigen oder sind vom Arbeitgeber im Sinne von § 167 Abs. 1 SGB IX (Prävention) schon hinzugezogen worden (Gefährdung des Arbeitsplatzes).
- Das Gleiche gilt, wenn schon Fehlzeitengespräche oder behinderungsbedingte Abmahnungen ausgesprochen worden sind oder eine Abfindung/ein Aufhebungsvertrag angeboten wurde.

Leitsatz Gefährdung (Definition)

Der Antrag zur Gleichstellung geht immer von einer **konkreten Gefährdung des Arbeitsplatzes** aus. Eine Gleichstellung erfolgt nur, wenn **der Arbeitsplatz wegen der Behinderung konkret gefährdet ist.** Hierfür sei eine drohende oder gar ausgesprochene Kündigung nicht zu fordern. Die Kündigung des Antragstellers muss, so das Bundessozialgericht (BSG), noch nicht einmal im Raum stehen. Von einer **konkreten Gefährdung** des Arbeitsplatzes ist auszugehen, wenn der Arbeitsplatz durch den mit der Gleichstellung mit Schwerbehinderten verbundenen Kündigungsschutz sicherer werde. Das ist zum Beispiel der Fall, wenn die krankheitsbedingten Fehlzeiten so hoch sind, dass sie nach der Rechtsprechung des BAG eine Kündigung rechtfertigen würden (BSG 6.8.2014 – B 11 AL 16/13 R).

Zusatzbögen

Grundsätzlich gilt, dass die Bögen auszufüllen sind. Sonst kann die Mitwirkung des Antragstellers/der AntragstellerIn gemäß § 66 SGB I (Folgen feh-

lender Mitwirkung) in Frage gestellt werden. Ggf. sollte die Bundesagentur angeschrieben und nach der Rechtsgrundlage des Anschreibens gefragt werden. Es gibt verschiedene Anschreiben, diese sind nach Bundesarbeitsagenturen unterschiedlich.
Bei Untersagung der Gleichstellung, sollte Akteneinsicht nach § 25 SGB X verlangt werden, um alle Unterlagen die zur Entscheidung der Untersagung geführt haben in Kopie zu bekommen.

Gleichstellungsantrag gemäß § 2 Abs. 3 SGB IX

29

Vorname Name
Anschrift

Ort, Datum

Name des Amtes
Anschrift

Durchführung des § 2 Abs. 3 SGB IX
Gleichstellung mit den Schwerbehinderten
Max M., geb. am .....

Sehr geehrte Damen und Herren,

beigefügt erhalten Sie die »Befragung der Schwerbehindertenvertretung« zum Antrag auf Gleichstellung von Max M.
Max M. ist seit dem ..... bei dem Unternehmen ....., Standort Werk/NL ..... und deren Rechtsvorgängerinnen beschäftigt und wurde vom Landesamt für Gesundheit und Soziales, ... – Versorgungsamt – mit *Feststellungsbescheid/Bescheid/Ablehnungsbescheid* vom ..... als Mensch mit Behinderungen im Rahmen der Feststellung nach § 152 Abs. 1 SGB IX, mit einem Grad der Behinderung (GdB) von unverändert ..... anerkannt.
Max M. wird als ..... im Bereich ..... eingesetzt. Seine Tätigkeit umfasst (siehe Anlage Arbeitsplatzbeschreibung). Der Arbeitsplatz ist *barrierefrei/ist nicht barrierefrei* ausgestattet.
Der Antragssteller ist auf die notwendige Hilfeleistung seiner mitarbeitenden Kolleginnen und Kollegen dringend angewiesen. Es treten wiederholt behinderungsbedingte Fehlzeiten auf. In den zurückliegenden Jahren waren es ..... (siehe die Anlage Zeitnachweis).
Max M. kann durch seine Behinderung, die von seinem Arbeitgeber geforderte Leistung nicht mehr erbringen, wie u. a. *dem Schreiben/der Abmahnung* des Arbeitgebers vom ..... zu entnehmen ist (siehe Anlage Abmahnung/Schreiben vom .....).
Die Gleichstellung für Max M. ist mit dem Ziel verbunden, ihn nicht nur unter die Schutzrechte des SGB IX zu stellen, sondern auch in die betrieblichen Vereinbarungen aus der »Vereinbarung zur Integration von schwerbehinderten Menschen und gleichgestellten behinderten Menschen in der *Unternehmen* ..... gemäß § 166 SGB IX« sowie der »Betriebsvereinbarung zur Beschäftigung Schwerbehinderter und Gleichgestellter« einzubinden und in diesem Rahmen als behinderten Mensch einzugliedern.

Gleichstellung

Mit der Gleichstellung können Leistungen zur Teilhabe beantragt werden, die die Behinderungen und Einschränkungen der Erwerbsfähigkeit abwenden, beseitigen, mindern oder eine Verschlimmerung verhüten und den Bezug höherer Sozialleistungen vermeiden sollen.
Die Schwerbehindertenvertretung sieht ohne die Gleichstellung die weitere Tätigkeit von Max M. im *Bereich/Abteilung/Werk* ..... als gefährdet an. Wir bitten deshalb, den Antrag zu bewilligen.

Mit freundlichen Grüßen
Schwerbehindertenvertretung

____

Unterschrift Schwerbehindertenvertretung

Anlagen

Gleichstellungsantrag gemäß § 2 Abs. 3 SGB IX (Diabetes) 30

Vorname Name
Anschrift

Ort, Datum

Name des Amtes
Anschrift

Durchführung des § 2 Abs. 3 SGB IX
Gleichstellung mit den Schwerbehinderten
Erika M., geb. am .....

Sehr geehrte Damen und Herren,

die Schwerbehindertenvertretung befürwortet den Antrag auf Gleichstellung mit folgender Begründung: Erika M. arbeitet seit ..... als Fahrerin im Versand und ist in ihrem Bereich trotz ihrer Erkrankung (Diabetes) sehr gut in der Lage, die vom Arbeitgeber geforderten Arbeiten auszuführen. Sie kann in diesem Bereich jederzeit Pausen einlegen, um sich ggf. zu behandeln. Stress treibt ihren Zuckerspiegel sofort in die Höhe.
Leider wurden bei uns in der Produktion mehrere Schichten abgebaut. Davon sind in ihrem Bereich ca. 25 Kolleg*innen betroffen. Diese Produktionsveränderung will man erneut durch Versetzungen in andere Werke auffangen.
Da Erika M. aufgrund ihrer Diabeteserkrankung auf einen behindertengerechten Arbeitsplatz angewiesen ist, wird für sie diese Möglichkeit nicht umsetzbar sein, da in anderen Bereichen die leidensgerechten Arbeitsplätze bereits besetzt oder nicht vorhanden sind. Für Erika M. ist dies natürlich sehr belastend und ihr Gesundheitszustand hat sich dadurch bereits verschlechtert. Durch eine Gleichstellung und den damit verbundenen Schutz des SGB IX würde Erika M. die Möglichkeit bekommen, auf dem jetzigen Arbeitsplatz dauerhaft zu arbeiten.

Mit freundlichen Grüßen
Schwerbehindertenvertretung

____

Unterschrift Schwerbehindertenvertretung

31 Gleichstellungsantrag gemäß § 2 Abs. 3 SGB IX (Allgemein)

Vorname Name
Anschrift

Ort, Datum

Name des Amtes
Anschrift

Durchführung des § 2 Abs. 3 SGB IX
Gleichstellung mit den Schwerbehinderten
Max M., geb. am .....

Sehr geehrte Damen und Herren,

die Schwerbehindertenvertretung unterstützt den Antrag auf Gleichstellung gemäß § 2 Abs. 3 SGB IX mit folgender Begründung:
Max M. arbeitet seit ..... in unserem Unternehmen und war bis zu seiner Erkrankung im Jahr ..... in der Montage eingesetzt. Aufgrund der behinderungsbedingten Einsatzeinschränkungen wurde er im Rahmen der Eingliederung ins Lager verliehen. Dort kann er trotz seiner Erkrankung seine Arbeiten zur vollsten Zufriedenheit des Arbeitgebers ausführen.
Durch eine Gleichstellung und den damit verbundenen Schutz des SGB IX haben wir eine realistische Chance, den jetzigen behindertengerechten Arbeitsplatz im Lager zu sichern und eine offizielle Versetzung für Max M. zu fordern.

Mit freundlichen Grüßen
Schwerbehindertenvertretung

____

Unterschrift Schwerbehindertenvertretung

Gleichstellungsantrag gemäß § 2 Abs. 3 SGB IX (Wirbelsäulenleiden)

32

Vorname Name
Anschrift

Ort, Datum

Name des Amtes
Anschrift

Antrag auf Gleichstellung § 2 Abs. 3 SGB IX
Erika M., geb. am .....

Sehr geehrte Damen und Herren,

die Schwerbehindertenvertretung unterstützt den Antrag auf Gleichstellung gemäß § 2 Abs. 3 SGB IX mit folgender Begründung:
Erika M. arbeitet seit ..... in unserem Unternehmen. Bis ..... war sie im ..... eingesetzt und konnte dort alle Arbeiten ohne Fehlzeiten verrichten. Aus meiner Sicht war es völlig falsch, sie wegen ihrer Körpergröße im ..... einzusetzen. An ihrem Arbeitsplatz hat sich niemand darum gekümmert, dass Erika M. an einem leidensgerechten Arbeitsplatz eingesetzt wird.
Nach ihrer Versetzung in den ..... wurde aufgrund der dortigen Arbeitsbelastung ein Wirbelsäulenleiden (mehrere Bandscheibenvorfälle) verursacht. Daraus resultieren hohe krankheitsbedingte Fehlzeiten. In mehreren Personal-/ Fehlzeitgesprächen wurde ihr bereits mit einer Kündigung gedroht bzw. eine *Abfindung/Ausscheidensvereinbarung* angeboten.
Erika M. ist dringend auf die Schutzrechte des SGB IX und die Leistungen des Integrationsamtes angewiesen. Mit einer Gleichstellung könnten wir ihren Arbeitsplatz sichern und sie darüber hinaus behindertengerecht einsetzen.

Mit freundlichen Grüßen
Schwerbehindertenvertretung

____

Unterschrift Schwerbehindertenvertretung

33

Gleichstellungsantrag gemäß § 2 Abs. 3 SGB IX (höheres Alter)

Vorname Name
Anschrift

Ort, Datum

Name des Amtes
Anschrift

Antrag auf Gleichstellung mit schwerbehinderten Menschen nach § 2 Abs. 3 SGB IX

Sehr geehrte Damen und Herren,

ich bitte um positive Entscheidung meines Antrags auf Gleichstellung mit den schwerbehinderten Menschen nach § 2 Abs. 3 SGB IX.
Begründung:
Obwohl ich seit ..... bei der Firma ..... beschäftigt bin, besteht für mich eine große Gefahr, meinen Arbeitsplatz zu verlieren. Ich bin den heutigen Leistungsanforderungen nicht mehr gewachsen und erfahre im Wettbewerb mit Nichtbehinderten eine starke Benachteiligung.
Aufgrund meines seelischen Leidens, in Verbindung mit den anderen Behinderungen, bin ich nicht mehr in der Lage, die Bedienung der neuen computergesteuerten Maschinen zu erlernen. Mein Lebensalter und die Sorge um meinen Arbeitsplatz wirken sich weiterhin negativ auf meinen Gesundheitszustand aus. Nur unter Aufbietung aller Kräfte ist es mir möglich, den Arbeitstag zu überstehen. Stress und Leistungsdruck soll ich nach Meinung meiner Ärzte vermeiden.
Zusammenfassend ist festzustellen, dass ich mit massiven Beeinträchtigungen im Arbeitsleben konfrontiert bin. Daher bin ich auf die Schutzrechte aus dem SGB IX und die Leistungen des Integrationsamtes dringend angewiesen. Eine Gleichstellung würde die Sorge um den Verlust meines Arbeitsplatzes aufheben und mir diesen sichern.

Mit freundlichen Grüßen
Vorname Name

____

Unterschrift

Gleichstellungsantrag gemäß § 2 Abs. 3 SGB IX (Bewegungseinschränkung)

34

Vorname Name
Anschrift

Ort, Datum

Name des Amtes
Anschrift

Antrag auf Gleichstellung mit schwerbehinderten Menschen nach § 2 Abs. 3 SGB IX

Sehr geehrte Damen und Herren,

ich beantrage die Gleichstellung und begründe meinen Antrag wie folgt:
Ich bin bei der Firma ..... in ..... als Dreher im Schichtbetrieb beschäftigt. Ich habe keine abgeschlossene Berufsausbildung und bin für diese Tätigkeit nur angelernt.
Die bei mir bestehenden gesundheitlichen Probleme haben dazu geführt, dass ich in meiner Beweglichkeit stark eingeschränkt bin und keine schweren Arbeiten mehr verrichten soll. Ausschlaggebend dafür ist, dass ich unter Verschleißerscheinungen der Wirbelsäule mit Fehlhaltung und Halswirbelsyndrom leide, wie es nach langjähriger Tätigkeit in meinem Beruf üblich ist. Darüber hinaus leide ich an ....., sodass ich auch nicht mehr im Akkord eingesetzt werden soll.
Aufgrund der Behinderungen bin ich den Leistungsanforderungen nicht mehr gewachsen. Nur unter Aufbietung aller Kräfte ist es mir möglich, den Arbeitstag zu überstehen. Ich mache mir große Sorgen, dass ich meinen Arbeitsplatz verliere, weil ich auch oftmals wegen meiner Behinderungen arbeitsunfähig krank bin.
Daher könnte mir eine Gleichstellung die Sorge um den Verlust meines Arbeitsplatzes nehmen. Deshalb hoffe ich sehr, dass sie über meinen Antrag positiv entscheiden.

Mit freundlichen Grüßen
Vorname Name

____

Unterschrift

35

Gleichstellungsantrag gemäß § 2 Abs. 3 SGB IX (Einsatz beim Werkschutz)

Vorname Name — Ort, Datum
Anschrift

Name des Amtes
Anschrift

Durchführung des § 2 Abs. 3 SGB IX
Gleichstellung mit den Schwerbehinderten
Max M., geb. am .....

Sehr geehrte Damen und Herren,

eine Gleichstellung gemäß § 2 Abs. 3 SGB IX wird von mir befürwortet.

Max M. arbeitet seit ..... in unserem Unternehmen und ist wegen seiner Erkrankung nicht mehr in der Lage, die vom Arbeitgeber geforderten Arbeiten in der Produktion auszuführen.
Nach mehreren Jahren im Rohbau in ....., in denen er nicht mehr einsetzbar war, konnten wir erreichen, dass Max M. beim Werkschutz arbeiten konnte. Dort bekam er die Möglichkeit, eine zweijährige Ausbildung zum Werkschützer zu machen, die er auch im Mai ..... bestanden hat.
Vor zwei Wochen hat unser Werkleiter verkündet, die Werkschutztätigkeiten fremd zu vergeben. Das würde bedeuten, dass Max M. in die Montage zurückmüsste. Ich sehe dort keine Beschäftigungsmöglichkeit für ihn und daher ist sein Arbeitsplatz sehr stark gefährdet. Durch eine Gleichstellung und den damit verbundenen Schutz des SGB IX bekämen wir mit Unterstützung des Integrationsamtes die Möglichkeit, für Max M. einen Arbeitsplatz im indirekten Bereich (z. B. im Lager) zu erhalten.

Mit freundlichen Grüßen
Schwerbehindertenvertretung

____

Unterschrift Schwerbehindertenvertretung

Gleichstellungsantrag gemäß § 2 Abs. 3 SGB IX (hohe Fehlzeiten) 36

Vorname Name Ort, Datum
Anschrift

Name des Amtes
Anschrift

Antrag auf Gleichstellung nach § 2 Abs. 3 SGB IX
Erika M., geb. am .....

Sehr geehrte Damen und Herren,

gegen eine Gleichstellung gemäß § 2 Abs. 3 SGB IX bestehen aus meiner Sicht keine Bedenken.
Erika M. arbeitet seit ..... bei der ..... im Montagebereich in der Halle X. Leider hatte sie ab ..... sehr schwere Erkrankungen und dadurch bedingt hohe Fehlzeiten. Im Jahr ..... betrugen sie ..... Monate. Danach hat sie es mit großen Anstrengungen wieder geschafft, trotz ein paar Einschränkungen, eine Tätigkeit im Lager zu übernehmen, die sie gut umsetzen konnte.
Am ..... wurde Erika M. erneut operiert und fiel erneut ..... Monate aus. Daraufhin hat man ihr eine Abfindung angeboten. Diese hat sie abgelehnt, da dies für sie ein Weg in die dauerhafte Arbeitslosigkeit bedeuten würde.
Zurzeit gibt es in ihrem Bereich Personalverschiebungen. Man tritt zuerst an Mitarbeiter*innen mit Fehlzeiten und Einsatzeinschränkungen heran. So wurde sie im Dezember in die Montage versetzt. Diese Arbeit kann sie nicht bzw. nur unter starken Schmerzen ausüben. Leider ist man nicht bereit, ihr ihre alte Tätigkeit wiederzugeben.
Es gab mehrere Fehlzeitgespräche und ein erneutes Angebot einer Abfindung. Durch eine Gleichstellung und den damit verbundenen Schutz des SGB IX bekäme Erika M. neben dem besonderen Kündigungsschutz mit unserer Unterstützung die Möglichkeit, wieder auf ihren alten Arbeitsplatz ins Lager zu kommen.

Mit freundlichen Grüßen
Schwerbehindertenvertretung

____

Unterschrift Schwerbehindertenvertretung

37

Gleichstellungsantrag gemäß § 2 Abs. 3 SGB IX (psychische Erkrankung)

Vorname Name
Anschrift

Ort, Datum

Name des Amtes
Anschrift

Antrag auf Gleichstellung nach § 2 Abs. 3 SGB IX
Max M., geb. am .....

Sehr geehrte Damen und Herren,

eine Gleichstellung gemäß § 2 Abs. 3 SGB IX wird von uns befürwortet.
Max M. arbeitet seit ..... in der Montage und im Lackbereich unseres Werkes. Leider ist es in den letzten Jahren durch seine psychische Erkrankung zu hohen Fehlzeiten und Einsatzeinschränkungen gekommen. Der Arbeitgeber tut sich mit psychischen Erkrankungen sehr schwer und zeigt kein Interesse, das Arbeitsverhältnis fortzusetzen.
Bereits vor zwei Jahren wurde dem Kollegen eine Abfindung angeboten. Eine weitere wurde ihm im letzten Jahr vorgeschlagen, die Max M. abgelehnt hat. Eine Ausscheidungsvereinbarung würde für ihn ein Weg in die dauerhafte Arbeitslosigkeit bedeuten. Zu einer Veränderung der Arbeit von Max M. zeigt der Arbeitgeber wenig Interesse. Vorschläge von uns werden ignoriert.
Seine Ärzte und die Schwerbehindertenvertretung sind der Meinung, dass er an einem nicht taktgebundenen Arbeitsplatz ohne größere Ausfallzeiten arbeiten könnte.
Durch eine Gleichstellung und den damit verbundenen Schutz des SGB IX bekäme Max M. mit unserer Unterstützung und unter Beteiligung des Integrationsamtes die nötige Zeit für eine ambulante Psychotherapie und auf Dauer die Möglichkeit, an einem Arbeitsplatz außerhalb des Montagebandes zu arbeiten.

Mit freundlichen Grüßen
Schwerbehindertenvertretung

____

Unterschrift Schwerbehindertenvertretung

Gleichstellungsantrag gemäß § 2 Abs. 3 SGB IX (Diabetes, Unterzuckerung)

38

Vorname Name
Anschrift

Ort, Datum

Name des Amtes
Anschrift

Antrag auf Gleichstellung nach § 2 Abs. 3 SGB IX
Erika M., geb. am .....

Sehr geehrte Damen und Herren,

eine Gleichstellung gemäß § 2 Abs. 3 SGB IX wird befürwortet.

Erika M. arbeitet seit ..... als Flaschnerin (Nacharbeiterin) in der Montage unseres Unternehmens. Sie leidet seit ihrer Diagnose Diabetes an häufiger Unterzuckerung, bis hin zur Hilflosigkeit und Bewusstlosigkeit. Sie ist jedoch sehr gut in der Lage, die von ihr geforderten Arbeiten als Flaschnerin zu bewältigen.
Jetzt erwartet man von ihr, dass sie zeitweise am Band arbeiten soll, wo sie nicht mehr die Möglichkeit hat, jederzeit die Arbeit zu verlassen, um sich zu spritzen. Obwohl die Vorgesetzten einmal die Zusage gemacht haben, dass sie nicht ans Band braucht, hält man sich nicht mehr an diese Vereinbarung. Ich habe den Eindruck, dass man den Druck auf sie erhöhen will, damit sie das Unternehmen verlässt.
Bei uns im Werk versucht man zurzeit Mitarbeiter*innen in andere Werke wie Berlin, Hamburg und Düsseldorf zu verleihen und man spricht erst die Kollegen an, die hohe Fehlzeiten und Einsatzeinschränkungen nachweisen. Im Bereich von Erika M. wird seit längerer Zeit Druck ausgeübt. Eine Abfindung wurde ihr angeboten und ich weiß, dass man sie, wie schon oben beschrieben, »loswerden« möchte und ihr jetziger Arbeitsplatz in Gefahr ist.
Eine Auflösung ihres Arbeitsverhältnisses kommt für sie verständlicherweise nicht in Frage, da dieser Schritt für sie Langzeitarbeitslosigkeit bedeuten würde. Durch eine Gleichstellung, dem damit verbundenen Schutz des SGB IX

und unserer Unterstützung, bekäme Erika M. auch weiterhin die Möglichkeit, auf dem für sie geeigneten Arbeitsplatz als Flaschnerin auf Dauer zu arbeiten.

Mit freundlichen Grüßen
Schwerbehindertenvertretung

____
Unterschrift Schwerbehindertenvertretung

Gleichstellungsantrag gemäß § 2 Abs. 3 SGB IX (Herzprobleme)

39

Vorname Name
Anschrift

Ort, Datum

Name des Amtes
Anschrift

Antrag auf Gleichstellung mit schwerbehinderten Menschen nach § 2 Abs. 3 SGB IX

Sehr geehrte Damen und Herren,

seit dem ..... arbeite ich bei ...... Nach meiner Meisterausbildung im ..... wurde ich im Werk als Disponent eingesetzt. Aufgrund meiner vorliegenden Funktionsbeeinträchtigungen kann ich leider nicht an jedem Arbeitsplatz bei ..... eingesetzt werden.
Durch meine Herzprobleme fällt mir meine Arbeit zunehmend schwerer. Ich fühle mich nicht mehr so fit wie früher und merke zunehmend, wie meine Kräfte geringer werden. Ich mache mir große Sorgen um meinen Arbeitsplatz und kann nur hoffen, dass sich mein Gesundheitszustand nicht weiter verschlechtert.
Deshalb beantrage ich hiermit die Gleichstellung nach § 2 Abs. 3 SGB IX und bitte Sie, diesem Antrag zuzustimmen.
Für eventuelle Rückfragen stehe ich Ihnen gerne unter der Tel. ..... zur Verfügung.
In der Hoffnung auf Erhalt eines positiven Bescheides Ihrerseits verbleibe ich

mit freundlichen Grüßen
Vorname Name

Unterschrift

40

Gleichstellungsantrag gemäß § 2 Abs. 3 SGB IX (Bandscheibenschaden und weitere Leiden)

Vorname Name
Anschrift

Ort, Datum

Name des Amtes
Anschrift

Antrag auf Gleichstellung nach § 2 Abs. 3 SGB IX

Sehr geehrte Damen und Herren,

wegen meinen vorliegenden Funktionsbeeinträchtigungen (Degenerative Veränderungen der Wirbelsäule, Bandscheibenschaden, Einschränkung des linken Beines, Schulter-Arm-Syndrom, Gebrauchseinschränkung der rechten Hand, Chronisches Schmerzsyndrom, Psychovegetative Störungen) kann ich leider nicht an jedem Arbeitsplatz bei ..... eingesetzt werden.

Seit ..... arbeite ich bei ..... in verschiedenen Abteilungen. Ab ..... wurde ich aus gesundheitlichen Gründen bei uns in der KVP-Werkstatt untergebracht. Dieser Arbeitsplatz ist für mich geeignet. Leider wird dort kein Mitarbeiter fest übernommen, da dieser Arbeitsplatz nur für Kranke zur Eingliederung ins Arbeitsleben eingerichtet wurde.

In den letzten Monaten hat sich mein Gesundheitszustand zunehmend verschlechtert. Momentan bin ich krankgeschrieben und ich werde ab dem ..... in die Reha gehen. Nach meinem Reha-Aufenthalt werde ich nochmals vorübergehend in der KVP-Werkstatt untergebracht – bis für mich ein anderer Arbeitsplatz gefunden wird.

Da ich nicht schwerbehindert bzw. gleichgestellt bin, habe ich kein Anrecht auf einen gleichwertigen Arbeitsplatz. Aufgrund meiner Einschränkungen mache ich mir große Sorgen, dass für mich bei ..... kein geeigneter Arbeitsplatz gefunden wird. Eine Gleichstellung würde mir daher bei der Suche für einen passenden Arbeitsplatz sehr behilflich sein.

Deshalb beantrage ich die Gleichstellung nach § 2 Abs. 3 SGB IX und bitte Sie, diesem Antrag zuzustimmen. Für eventuelle Rückfragen stehe ich Ihnen gerne unter der Handynummer ..... zur Verfügung.

In der Hoffnung auf Erhalt eines positiven Bescheides verbleibe ich

mit freundlichen Grüßen
Vorname Name

____

Unterschrift

41

Gleichstellungsantrag gemäß § 2 Abs. 3 SGB IX (Bandscheibenschaden, Arthrose, Depression)

Vorname Name
Anschrift

Ort, Datum

Name des Amtes
Anschrift

Antrag auf Gleichstellung nach § 2 Abs. 3 SGB IX
Begründung: Gefährdung meines Arbeitsplatzes

Sehr geehrte Damen und Herren,

wegen meiner vorliegenden Funktionsbeeinträchtigungen (degenerative Veränderungen der Wirbelsäule, Bandscheibenschaden, Nervenwurzelreizerscheinungen, Arthrose, Funktionsbehinderung des linken Schultergelenks, Depressionen, Verhaltensstörungen) kann ich leider nicht an jedem Arbeitsplatz bei ..... eingesetzt werden.
Seit ..... arbeite ich nach meiner sechswöchigen Krankheit an einem Arbeitsplatz, an dem hauptsächlich Schwerbehinderte und Gleichgestellte eingesetzt werden. Mit meiner Behinderung komme ich an diesem Arbeitsplatz gut zurecht und meine Lebensqualität hat sich um einiges verbessert. Da ich nicht schwerbehindert bzw. gleichgestellt bin, habe ich kein Anrecht auf diesen Arbeitsplatz, weshalb mir auch schon ein anderer Arbeitsplatz angeboten wurde.
Mein größter Wunsch ist, dass meine derzeitige Arbeitssituation so bleibt wie sie ist. Dies kann ich allerdings nur mit einer Gleichstellung erreichen. Ich mache mir daher große Sorgen, meinen Arbeitsplatz zu verlieren, da mein labiler Gesundheitszustand zu erheblichen Einsatzeinschränkungen geführt hat. Nur eine Gleichstellung kann mir die Sorge eines eventuellen Arbeitsplatzverlustes nehmen.
In der Hoffnung auf Erhalt eines positiven Bescheides verbleibe ich

mit freundlichen Grüßen
Vorname Name

____
Unterschrift

Gleichstellungsantrag gemäß § 2 Abs. 3 SGB IX (Erlangung eines geeigneten Arbeitsplatzes) 42

Vorname Name Ort, Datum
Anschrift

Name des Amtes
Anschrift

Antrag auf Gleichstellung nach § 2 Abs. 3 SGB IX
Begründung: Erlangung eines geeigneten Arbeitsplatzes

Sehr geehrte Damen und Herren,

wegen meinen vorliegenden Funktionsbeeinträchtigungen kann ich leider nicht an jedem Arbeitsplatz bei ..... eingesetzt werden. Seit dem ..... arbeite ich bei ...... Vom ..... wurde ich aus gesundheitlichen Gründen (siehe Anlage) bei uns in verschiedenen Bereichen eingesetzt. Vom ..... – ...... besuchte ich einen CNC Kurs. Seit dem Datum werde ich in einer Lerninsel auf einen neuen Arbeitsplatz in der Produktion als CNC Fachkraft vorbereitet. Durch meine Einschränkungen mache ich mir große Sorgen, einen geeigneten Arbeitsplatz zu erhalten.
Es gibt bei uns verschiedene Arbeitsplätze, die für schwerbehinderte bzw. gleichgestellte Kolleginnen und Kollegen geeignet sind. Da ich nicht schwerbehindert bzw. gleichgestellt bin, habe ich leider keinen Anspruch auf solch einen Arbeitsplatz.
Deshalb beantrage ich hiermit die Gleichstellung nach § 2 Abs. 3 SGB IX und bitte Sie, diesem Antrag zu zustimmen.
In der Hoffnung auf Erhalt eines positiven Bescheides verbleibe ich

mit freundlichen Grüßen
Vorname Name

____
Unterschrift

Anlage

43 **Gleichstellungsantrag gemäß § 2 Abs. 3 SGB IX (Suche nach einem geeigneten Arbeitsplatz)**

Vorname Name Ort, Datum
Anschrift

Name des Amtes
Anschrift

Antrag auf Gleichstellung nach § 2 Abs. 3 SGB IX
Begründung: Suche nach einem geeigneten Arbeitsplatz

Sehr geehrte Damen und Herren,

wegen meinen vorliegenden Funktionsbeeinträchtigungen (siehe Bescheid) kann ich leider nicht an jedem Arbeitsplatz bei ..... eingesetzt werden.
Seit dem ..... arbeite ich bei ..... als Qualitätssicherungs-Berater. Mein gesundheitlicher Zustand hat sich in den letzten Monaten zunehmend verschlechtert. An den Bandscheiben wurde ich in den letzten Jahren zweimal operiert. Leider habe ich immer wieder in regelmäßigen Abständen starke Schmerzen im Rückenbereich. Zum Teil kann ich mit Schmerzmitteln eine Linderung herbeiführen, aber es gibt auch Tage, an denen ich trotz starker Schmerzmittel nicht mehr schmerzfrei arbeiten kann. In den letzten Jahren hatte ich große Ängste, meinen Arbeitsplatz zu verlieren. Aus diesem Grund ließ ich mich an Tagen mit starken Schmerzen nicht arbeitsunfähig schreiben, sondern ich investierte immer wieder Gleittage bzw. Urlaub, um eine Krankschreibung zu umgehen. Mit dieser Maßnahme wollte ich meinen Arbeitsplatz absichern.
Dies kann aber dauerhaft keine Lösung sein. Zum einen wird durch meine Krankheit mein Urlaub bzw. mein Gleitzeitkonto erheblich reduziert und des Weiteren verschlechtert sich meine Lebensqualität zunehmend durch meine körperlichen Einschränkungen. Mir ist auch in den letzten Tagen bewusst geworden, dass ich in jedem Fall einen Arbeitsplatzwechsel in Kauf nehmen muss. Aufgrund meiner Einschränkungen mache ich mir große Sorgen, dass für mich bei ..... kein geeigneter Arbeitsplatz gefunden wird.
Eine Gleichstellung würde mir daher bei der Suche für einen passenden Arbeitsplatz sehr hilfreich sein. Deshalb beantrage ich hiermit die Gleichstellung nach § 2 Abs. 3 SGB IX und bitte Sie, diesem Antrag zu zustimmen. Für eventuelle Rückfragen stehe ich Ihnen gerne unter Telefon Nr. ..... zur Verfügung

In der Hoffnung auf Erhalt eines positiven Bescheides verbleibe ich

mit freundlichen Grüßen
Vorname Name

____
Unterschrift

44 **Gleichstellungsantrag gemäß § 2 Abs. 3 SGB IX (Schmerzen, nervliche Beeinträchtigung)**

Vorname Name Ort, Datum
Anschrift

Name des Amtes
Anschrift

Antrag auf Gleichstellung nach § 2 Abs. 3 SGB IX
Begründung: Suche nach einem geeigneten Arbeitsplatz-

Sehr geehrte Damen und Herren,

wegen meiner vorliegenden Funktionsbeeinträchtigungen (siehe Antrag) kann ich leider nicht an jedem Arbeitsplatz bei ..... eingesetzt werden. Seit dem Datum arbeite ich bei ..... als Packer. Durch die zunehmenden Schmerzen (Wirbelsäule, rechter Fuß, Kopf) und infolge zusätzlicher nervlicher Beeinträchtigungen, ist für mich mein derzeitiger Arbeitsplatz leider nicht mehr geeignet.
Aufgrund meiner zahlreichen Einschränkungen mache ich mir große Sorgen, dass für mich bei ..... kein geeigneter Arbeitsplatz gefunden wird.
Eine Gleichstellung würde mir bei der Suche nach einem passenden Arbeitsplatz sehr behilflich sein. Deshalb beantrage ich die Gleichstellung nach § 2 Abs. 3 SGB IX und bitte Sie, diesem Antrag zuzustimmen. Die Schwerbehindertenvertretung und der Betriebsrat schließen sich meinen Ausführungen im vollen Umfang an.
Für eventuelle Rückfragen stehe ich Ihnen gerne unter der Telefonnummer ..... zur Verfügung.
In der Hoffnung auf Erhalt eines positiven Bescheides verbleibe ich

mit freundlichen Grüßen
Vorname Name

____

Unterschrift

Gleichstellungsantrag gemäß § 2 Abs. 3 SGB IX (Erhaltung des Arbeitsplatzes) 45

Vorname Name
Anschrift

Ort, Datum

Name des Amtes
Anschrift

Antrag auf Gleichstellung nach § 2 Abs. 3 SGB IX
Begründung: Erhaltung meines Arbeitsplatzes

Sehr geehrte Damen und Herren,

wegen meiner vorliegenden Funktionsbeeinträchtigungen (linker Unterschenkel Thrombose und eine rechte 3-Stufenthrombose) darf und kann ich nicht an jedem Arbeitsplatz bei der ..... eingesetzt werden. Gegen meine Krankheit muss ich vorbeugend Medikamente zur Blutverdünnung einnehmen. Dadurch erhöht sich jedoch das Risiko bei einer Verletzung im Einsatzbereich, dass eine evtl. Blutung nicht gestoppt werden kann.
Seit dem ..... arbeite ich im Bereich Werksfeuerwehr der ..... Mit meiner Behinderung komme ich derzeit noch gut an diesem Arbeitsplatz zurecht. Ich möchte auf jeden Fall meinen derzeitigen Arbeitsplatz als Feuerwehrmann erhalten und bin der Meinung, dass dies nur dauerhaft mit Hilfe einer Gleichstellung möglich wäre. Ich mache mir deshalb große Sorgen, meinen Arbeitsplatz zu verlieren, da meine gesundheitlichen Probleme und mein Krankenstand für einen Feuerwehrmann doch erheblich sind. Lediglich eine Gleichstellung kann mir die Sorge eines eventuellen Arbeitsplatzverlustes nehmen. Aufgrund meiner geschilderten Situation, bitte ich sie, meiner Gleichstellung zuzustimmen. Die Schwerbehindertenvertretung und der Betriebsrat schließen sich meinen Ausführungen im vollen Umfang an. Für Rückfragen stehe ich Ihnen gerne unter der Tel. ..... zur Verfügung.
In der Hoffnung auf Erhalt eines positiven Bescheides verbleibe ich

mit freundlichen Grüßen
Vorname Name

____

Unterschrift

46 **Gleichstellungsantrag gemäß § 2 Abs. 3 SGB IX (Allgemein, Erlangen eines geeigneten Arbeitsplatzes)**

Vorname Name
Anschrift

Ort, Datum

Name des Amtes
Anschrift

Antrag auf Gleichstellung nach § 2 Abs. 3 SGB IX
Begründung: Erlangen eines geeigneten Arbeitsplatzes

Sehr geehrte Damen und Herren,

wegen meinen vorliegenden Funktionsbeeinträchtigungen (siehe Bescheid) kann ich leider nicht an jedem Arbeitsplatz bei ..... (*Firma*) eingesetzt werden. Seit dem ..... arbeite ich bei ..... in ...... Mein gesundheitlicher Zustand hat sich in den letzten Jahren zunehmend verschlechtert und ich kann durch meine körperlichen Einschränkungen nicht mehr alle erforderlichen Arbeiten an meinem derzeitigen Arbeitsplatz ausüben.
Bei uns im Werk gibt es eine begrenzte Anzahl an Arbeitsplätzen, die nur für schwerbehinderte bzw. gleichgestellte Kolleginnen und Kollegen vergeben werden. Da ich nicht schwerbehindert bzw. gleichgestellt bin, habe ich leider keinen Anspruch auf solch einen Arbeitsplatz.
Eine Gleichstellung würde mir daher bei der Suche nach einem passenden Arbeitsplatz sehr hilfreich sein. Deshalb beantrage ich die Gleichstellung nach § 2 Abs. 3 SGB IX und bitte Sie, diesem Antrag zuzustimmen. Die Schwerbehindertenvertretung und der Betriebsrat schließen sich meinen Ausführungen im vollen Umfang an.
Für eventuelle Rückfragen stehe ich Ihnen gerne unter der Telefonnummer ..... zur Verfügung.
In der Hoffnung auf Erhalt eines positiven Bescheides verbleibe ich

mit freundlichen Grüßen
Vorname Name

____

Unterschrift

Gleichstellungsantrag gemäß § 2 Abs. 3 SGB IX (Hyperreagibilität mit schwerem Anstrengungsasthma)

47

Vorname Name Ort, Datum
Anschrift

Name des Amtes
Anschrift

Antrag auf Gleichstellung nach § 2 Abs. 3 SGB IX

Sehr geehrte Damen und Herren,

aufgrund meiner vorliegenden körperlichen Einschränkungen, hochgradiger bronchialer Hyperreagibilität mit schwerem Anstrengungsasthma (siehe Anlage) bin ich nicht überall einsetzbar.
Mein derzeitiger Arbeitsplatz lässt mich in Verbindung mit meinem gegenwärtigen Arbeitszeitmodell mit meiner Behinderung vereinbaren. Hierbei möchte ich aber zum Ausdruck bringen, dass mein derzeitiger Arbeitsplatz in dem Unternehmen durch die jetzt schon bestehenden Leistungseinschränkungen gefährdet sein könnte. Voraussetzung dafür, dass meine derzeitige Arbeitssituation so bleiben kann, ist eine Gleichstellung. Da in der Unternehmen Arbeitserleichterungen und behindertengerechte Arbeitsplätze den schwerbehinderten und gleichgestellten Beschäftigten vorbehalten sind.
Aufgrund der durch meine Behinderung ausgelösten krankheitsbedingten Fehlzeiten, ist eine Gefährdung meines Arbeitsplatzes zu erkennen, da durch die Rechtsprechung des Bundesarbeitsgerichts eine Kündigung in solchen Fällen möglich ist.
Aus Angst und Betroffenheit, was den Arbeitsplatz und meine Zukunft angeht, bitte ich um Bewilligung meines Antrages.

Mit freundlichen Grüßen
Vorname Name

____

Unterschrift

Anlage

48

Gleichstellungsantrag gemäß § 2 Abs. 3 SGB IX (Serienproduktion)

Vorname Name Ort, Datum
Anschrift

Name des Amtes
Anschrift

Antrag auf Gleichstellung nach § 2 Abs. 3 SGB IX

Sehr geehrte Damen und Herren,

aufgrund meiner vorliegenden Behinderungen (siehe Bescheid vom .....), bin ich nicht überall einsetzbar. Ich kann die Erwartungen und arbeitsverträglichen Pflichten, die an meine Tätigkeit in der Serienproduktion gestellt werden, nur noch mit größten Anstrengungen und unter Schmerzen erfüllen. Hinzu kommt, dass ich in Wechselschicht tätig bin.
In dem Unternehmen ist Teamarbeit eingeführt worden, die eine erhöhte Flexibilität von den Mitarbeitern beim Arbeitseinsatz verlangt, allerdings die Chance einräumt, belastende Tätigkeiten auf andere Teammitglieder zu verteilen. Es kann somit bei mir von einem behindertengerechten Arbeitsplatz ausgegangen werden.
Voraussetzung hierfür ist eine Gleichstellung, da in der Unternehmen Arbeitserleichterungen und behindertengerechte Arbeitsplätze den schwerbehinderten und gleichgestellten Beschäftigten vorbehalten sind. Meine bestehenden Leistungseinschränkungen und die damit verbundene berufliche Betroffenheit führen bereits zu einer Gefährdung meines Arbeitsplatzes.
Darüber hinaus bin ich nicht mehr wettbewerbsfähig gegenüber Nichtbehinderten. Betrachtet man weiterhin krankheitsbedingten Fehlzeiten, die durch die Behinderung ausgelöst wurden, ist die Gefährdung meines Arbeitsplatzes zu erkennen.

Mit freundlichen Grüßen
Vorname Name

____
Unterschrift

Anlage

Gleichstellungsantrag gemäß § 2 Abs. 3 SGB IX (Diabetes, hoher Blutdruck)

49

Vorname Name
Anschrift

Ort, Datum

Name des Amtes
Anschrift

Antrag auf Gleichstellung nach § 2 Abs. 3 SGB IX
Begründung: Erlangen eines geeigneten Arbeitsplatzes

Sehr geehrte Damen und Herren,

seit dem ..... arbeite ich als Maschinenbediener bei der Firma ..... in ......
Aufgrund meiner Diabetes-Erkrankung, hohem Blutdruck, Bandscheibenvorfällen und meinen anderen körperlichen Einschränkungen (siehe Anlage) bin ich nicht mehr überall einsetzbar. Deshalb kann ich, die an mich gestellten Erwartungen in der Serienproduktion, nur noch mit sehr großen Anstrengungen erfüllen.
Durch meine Krankheit und die an mich angeforderte Arbeitsaufgabe, bin ich schon nach kurzer Arbeitszeit sehr müde und ausgelaugt. Zurzeit arbeite ich im Schichtbetrieb, deshalb kam es zunehmend zu einer Verschlechterung der Diabeteseinstellung.
Durch das häufige Bücken habe ich zunehmende Schmerzen im Rückenbereich. Deshalb habe ich auch große Angst meinen Arbeitsplatz zu verlieren bzw. keinen geeigneten Arbeitsplatz zu erlangen.
Bei uns im Werk gibt es begrenzt verschiedene Arbeitsplätze, die nur an schwerbehinderte bzw. gleichgestellte Kolleginnen und Kollegen vergeben werden. Da ich nicht schwerbehindert bzw. gleichgestellt bin, habe ich leider keinen Anspruch auf solch einen Arbeitsplatz.
Eine Gleichstellung würde mir daher bei der Suche nach einem passenden Arbeitsplatz sehr helfen. Deshalb beantrage ich die Gleichstellung nach § 2 Abs. 3 SGB IX und bitte Sie, diesem Antrag zuzustimmen. Die Schwerbehindertenvertretung und der Betriebsrat schließen sich meinen Ausführungen im vollen Umfang an. Für eventuelle Rückfragen stehe ich Ihnen gerne unter der Telefonnummer ..... zur Verfügung.

Gleichstellung

In der Hoffnung auf Erhalt eines positiven Bescheides verbleibe ich

mit freundlichen Grüßen
Vorname Name

____
Unterschrift

Anlage

VI. Anhörung und Akteneinsicht

Hat ein dauerhaft gesundheitlich eingeschränkter Mensch beim Versorgungsamt einen Antrag auf Feststellung einer Schwerbehinderung gestellt, kann es viele Gründe geben, warum dieser Antrag abschlägig beschieden (abgelehnt) oder die Behinderung nicht in der erwarteten Schwere (z. B. Schwerbehinderung mit einem Grad der Behinderung von 50) anerkannt wird. Gegen einen solchen Feststellungsbescheid des Versorgungsamtes kann die behinderte Person selbst oder die von ihr beauftragte Rechtsvertretung (z. B. Rechtsschutz der Gewerkschaft, Sozialverband, Rechtsanwalt) einen Widerspruch einlegen. Zu diesem Zweck wird im Bescheid ausdrücklich auf das Widerspruchsrecht hingewiesen (Rechtsbehelfsbelehrung) und die Anschrift genannt, an die der Widerspruch zu richten ist. Der Widerspruch muss entweder schriftlich eingereicht werden oder kann direkt beim Versorgungsamt mündlich zur Niederschrift gegeben werden.
Unbedingt zu beachten ist dabei die Widerspruchsfrist von einem Monat. Die Frist beginnt mit dem Eingang des Bescheides bei der antragstellenden behinderten Person. Wurde die Monatsfrist versäumt, gilt der Bescheid des Versorgungsamtes in den meisten Fällen als rechtskräftig. Entscheidend für die Fristwahrung ist der Eingang des Widerspruchs beim Versorgungsamt und nicht der Absendetag. Sollte der Widerspruch versehentlich oder aus Unkenntnis fristgerecht bei einer anderen deutschen Behörde oder einem anderen Versicherungsträger eingegangen sein (z. B. Deutsche Rentenversicherung oder Integrationsfachdienst), ist diese verpflichtet, den Widerspruch an die richtige Stelle weiterzuleiten. Die Frist gilt trotzdem als gewahrt.
Der Widerspruch zu einem Bescheid kann schriftlich und in der Regel formlos (insbesondere, wenn es mit der Frist knapp wird) eingelegt werden. Aus Beweisgründen ist ein schriftlicher oder elektronischer Widerspruch jedoch zu empfehlen. Die Begründung kann zu einem späteren Zeitpunkt (binnen eines weiteren Monats) nachgereicht werden und sollte unbedingt im Zusammenwirken mit den behandelnden Ärzten und einer Rechtsberatung erfolgen.
Dabei ist es ratsam, beim Versorgungsamt Akteneinsicht zu verlangen (siehe hierzu Musterschreiben Nr. 12). So kann sich der/die Antragsteller*in informieren, welche Unterlagen, Befunde, Atteste und Zeugnisse in die Entscheidung

zum Feststellungsbescheid eingeflossen sind und welche ggf. noch nachgereicht, aktualisiert oder ergänzt werden müssen. Die Akteneinsicht kann von der betroffenen Person selbst oder von ihrer Rechtsvertretung verlangt werden. Dabei bedeutet »Akteneinsicht« tatsächlich ein »Blick in die Akten«. Das geschieht vor Ort beim Versorgungsamt. Während der Akteneinsicht kann sich die Person mit Behinderungen Notizen machen oder auch Kopien der Unterlagen vom Versorgungsamt verlangen. Diese müssen dann aber in der Regel bezahlt werden. Rechtsanwälte bekommen die Akte in den meisten Fällen zugeschickt und können sich dann in der Kanzlei Kopien anfertigen.

Das Widerspruchsverfahren ist im Sozialrecht zwingend dem Klageverfahren vorangestellt. Erst, wenn das Widerspruchsverfahren erfolglos abgeschlossen ist, kann eine Klage vor dem Sozialgericht erhoben werden. Die Akteneinsicht kann auch im Zuge des Klageverfahrens verlangt bzw. wiederholt werden.

Zögert das Versorgungsamt die Entscheidung über einen Widerspruch länger als drei Monate ohne hinreichende Begründung hinaus, kann eine sogenannte »Untätigkeitsklage« beim Sozialgericht eingereicht werden.

Immer wieder kommt es auch vor, dass die Behörde einen bereits anerkannten Grad der Behinderung reduzieren und herabsetzen möchte. Dabei kann es vorkommen, dass diese geplante Abstufung des GdB erfolgt, ohne dass eine ärztliche Stellungnahme über die Gründe informiert. Bevor das Versorgungsamt einen neuen (reduzierten) GdB in einem Bescheid festsetzen kann, muss dem betroffenen Menschen die Möglichkeit zur Stellungnahme (Anhörung nach § 24 Abs. 1 SGB X) gegeben werden. Diese Anhörung sollte ebenfalls im engen Zusammenwirken mit Ärzten und einer professionellen Rechtsberatung erfolgen.

Achtung: Dabei ist besondere Aufmerksamkeit wichtig, denn die Anhörung ist formlos, kann also schriftlich, persönlich, elektronisch oder telefonisch erfolgen. Betroffene sollten sich also bei einem Anruf durch die Behörde nicht »überrumpeln« lassen und aus Beweisgründen lieber eine schriftliche Anhörung einreichen.

Die Anhörung ist zwingend erforderlich, wenn der neue Bescheid in die bestehenden Rechte der Person mit Behinderungen eingreift. Mit der Stellungnahme durch den/die Betroffene/n kann die mögliche Änderung eines Bescheides entfallen oder verhindert werden. Weiterhin kann es vorkommen, dass durch die Anhörung ein zu Recht weggefallener Anspruch durch geänderte Voraussetzungen weiterbesteht und ein Bescheid aufrecht erhalten bleiben kann.

Anhörung nach § 24 SGB X

50

Vorname Name
Anschrift

Ort, Datum

Name des Amtes
(ggf. Ansprechpartner*in)
Anschrift

Aktenzeichen: ..... (aus dem Antrag zu entnehmen)
Anhörung nach § 24 SGB X

Sehr geehrte Damen und Herren,

meinen Grad der Behinderung von ..... auf ..... zu reduzieren, ist weder von meinen behandelnden Ärzten wie auch von mir ganz und gar nicht nachvollziehbar.
Unglücklicherweise ist dem Anhörungsschreiben nicht zu entnehmen, aus welchen ärztlichen Unterlagen die Minderung des Grades der Behinderung und die Veränderung meines Gesundheitszustandes entnommen wurden.
Ihre Einschätzung, der GdB wäre mit ..... ausreichend, ist subjektiv zu sehen und wird den tatsächlichen Umständen nicht gerecht, dies können Sie den beigefügten aktuellen Befunden entnehmen.
Zusammenfassend vertreten all meine behandelnden Ärzte die Meinung, dass bei mir zwingend der GdB von ..... weiterhin bestehen bleiben muss.
Sollten Sie darüber hinaus noch weitere Fragen haben, können Sie sich jederzeit und gerne unter der Telefonnummer ..... mit mir in Verbindung setzen.

Mit freundlichen Grüßen
Vorname Name

____

Unterschrift

51 **Anhörung nach § 24 SGB X (Krebserkrankung)**

Vorname Name
Anschrift

Ort, Datum

Name des Amtes
(ggf. Ansprechpartner*in)
Anschrift

Aktenzeichen: ..... (aus dem Antrag zu entnehmen)
Anhörung nach § 24 SGB X

Sehr geehrte Damen und Herren,

Ihre Ansicht, den Grad der Behinderung auf unter ..... v. H. zu mindern, ist für mich nicht nachvollziehbar. Sie haben nur die eigentliche Erkrankung bewertet und nicht ihre Auswirkungen.
Auch wenn meine Krebserkrankung medizinisch momentan als geheilt gilt, belastet mich diese weiterhin psychisch sehr stark. Dieses bitte ich, wenn auch medizinisch nicht eindeutig nachgewiesen, bei der Gesamtbeurteilung zu berücksichtigen.
Die bisher nicht anerkannte Gesundheitsstörung, Taubheitsgefühle in beiden Füssen mit Sensibilitätsstörungen nach mehreren Operationen, welche überhaupt nicht von Ihnen bewertet wurde, sollten Sie mit in Ihre Bewertung aufnehmen.
Beruflich bin ich besonders betroffen, da ich im Wettbewerb mit gesunden Kollegen nicht mehr mithalten kann und dabei ständig auf gewisse Rücksichtnahme seitens meiner Vorgesetzten und Kollegen angewiesen bin. Gerade deswegen bin ich auf einen GdB von mindestens 30 angewiesen, um durch eine Gleichstellung meinen Arbeitsplatz zu erhalten.
Zusammenfassend fordere ich Sie auf, Ihre geplante Abstufung nochmals zu überprüfen und zu einem rechtsbehelfsfähigen Bescheid zu kommen.

Mit freundlichen Grüßen
Vorname Name

____
Unterschrift

Anhörung nach § 24 SGB X

52

Vorname Name
Anschrift

Ort, Datum

Name des Amtes
(ggf. Ansprechpartner*in)
Anschrift

Aktenzeichen: ..... (aus dem Antrag zu entnehmen)
Anhörung nach § 24 SGB X

Sehr geehrte Damen und Herren,

die von Ihnen angeordnete ärztliche Untersuchung, die am ..... stattfand, kann nicht als Grundlage für eine Neufestsetzung des GdB dienen, da bei dieser Untersuchung weder ein Belastungs-EKG noch eine Echo-Kardiographie vorgenommen wurde und diese Untersuchungen relevant für die Neuberechnung des GdB sind.
Der Grad der Behinderung ist, auch nach Auffassung meiner Ärzte, mit einem GdB von ..... richtig bewertet und bedarf somit auch keiner Änderung.

Mit freundlichen Grüßen
Vorname Name

____

Unterschrift

53

Anhörung nach § 24 SGB X (Herzinfarkt)

Vorname Name Ort, Datum
Anschrift

Name des Amtes
(ggf. Ansprechpartner*in)
Anschrift

Aktenzeichen: ..... (aus dem Antrag zu entnehmen)
Anhörung nach § 24 SGB X

Sehr geehrte Damen und Herren,

Bezugnehmend auf Ihr Schreiben vom ..... teile ich Ihnen mit, dass ich Ihre Auffassung bezüglich meines stabilen Gesundheitszustandes nicht teilen kann.
Ich leide nach wie vor an den Folgen des am ..... erlittenen Herzinfarktes. Permanent leide ich an Schmerzen im Brustraum, die bis in den Rücken ausstrahlen. Diese ständigen Schmerzen führen zu Angstzuständen, Schlafstörungen sowie Nervosität und innerer Unruhe und haben Auswirkungen auf das vegetative Nervensystem.
Weiterhin leide ich unter Luftmangel und komme schnell außer Atem, insbesondere beim Treppensteigen und schnellerem Gehen. Auf die laufende Einnahme von verschiedenen Medikamenten bin ich angewiesen und muss häufig auf das eigentlich nur für den Notfall gedachte Nitrospray zurückgreifen.
Meine behandelnden Ärzte teilen Ihre Auffassung, dass sich mein Gesundheitszustand stabilisiert hat, nicht. Bitte wenden Sie sich daher noch einmal an meinen Hausarzt: ..... sowie meine Fachärzte: ..... und ......
Da ich mich zusätzlich in psychologischer Behandlung befinde, bitte ich Sie auch meinen Neurologen/Psychologen ..... zu kontaktieren.

Mit freundlichen Grüßen
Vorname Name

____
Unterschrift

Anhörung nach § 24 SGB X mit Aufforderung, behandelnde Ärzte zu kontaktieren

54

Vorname Name
Anschrift

Ort, Datum

Name des Amtes
(ggf. Ansprechpartner*in)
Anschrift

Aktenzeichen: ..... (aus dem Antrag zu entnehmen)
Anhörung nach § 24 SGB X

Sehr geehrte Damen und Herren,

wie dem Bescheid vom ..... zu entnehmen ist, stellen Sie jetzt nach über ..... Jahren fest, dass der im Bescheid vom ..... angeführte GdB zu hoch ist.
Zur medizinischen Prüfung rege ich an, meine behandelnden Ärzte zu kontaktieren, um dort eine schriftliche Stellungnahme zum aktuellen Grad der Behinderung einzuholen:
(Anschriften und Adressen, Telefonnummern/Fax der Ärzte aufführen)
Mein aktueller Gesundheitszustand lässt sich wie folgt beschreiben: Ich bin weder körperlich noch psychisch belastbar, daher bin ich massiv sowohl im Berufs- wie auch im Privatleben stark eingeschränkt. Dies wirkt sich auf die Mobilität und auf die Bewegungsfreiheit in allen Bereichen aus.
Ich bitte Sie, Ihre Entscheidung nach medizinischer Prüfung durch meine Ärzte neu zu bewerten.

Mit freundlichen Grüßen
Vorname Name

____
Unterschrift

55

Anhörung nach § 24 SGB X (Multiple Sklerose)

Vorname Name
Anschrift

Ort, Datum

Name des Amtes
(ggf. Ansprechpartner*in)
Anschrift

Aktenzeichen: ..... (aus dem Antrag zu entnehmen)
Anhörung nach § 24 SGB X

Sehr geehrte Damen und Herren,

gegen Ihre Feststellung, dass der Gesamt-GdB nur noch mit ..... zu bewerten sei und die Voraussetzungen für die Aufrechterhaltung eines Schwerbehindertenausweises nicht mehr erfüllt sind, erhebe ich Widerspruch. Zwischenzeitlich hat sich mein gesundheitlicher Zustand massiv verschlechtert.
Nach der letzten Kernspintomographie ist ein Fortschritt der Erkrankung (MS) nachgewiesen. Ich bin in ständiger neurologischer Behandlung mit der Notwendigkeit einer Dauertherapie. Darüber hinaus bin ich den Anforderungen des täglichen Lebens nicht mehr gewachsen und sehr schnell erschöpft. Durch rasche Erschöpfung schaffe ich kaum mein Arbeitspensum. Weiterhin treten bei mir immer wieder Sehstörungen auf (Verschwommen-Sehen).
Nach wie vor haben die bei mir vorliegenden gesundheitlichen Einschränkungen in ihrer Gesamtheit erhebliche Auswirkungen auf meine Lebensqualität. So bin ich in meiner Beweglichkeit erheblich eingeschränkt, da zu den körperlichen Leiden ausgeprägte depressive Verstimmungen hinzukommen. Insbesondere schlägt sich psychischer Druck durch Angst vor dem weiteren Verlauf der MS auf mein Stimmungsbild nieder.
Ich bitte um medizinische Prüfung, da von Ihrer Seite auch keine ärztliche Untersuchung veranlasst wurde und rege an, meinen behandelnden Arzt/meine behandelnde Ärztin Herrn/Frau Dr. ..... hinsichtlich des GdB zu kontaktieren.
Mein aktueller Gesundheitszustand lässt sich wie folgt beschreiben:
Ich bin nicht mehr belastbar, meine körperlichen und seelischen Einschränkungen beeinträchtigen mich in Beruf und Gesellschaft. Aufgrund meiner

Behinderungen und meines Alters bin ich auf die Schutzrechte aus dem Schwerbehindertengesetz angewiesen.

Mit freundlichen Grüßen
Vorname Name

____

Unterschrift

VII. Teilhabeleistungen

Menschen mit Behinderungen erleben im Beruf, im öffentlichen Leben oder auch in ihrer Freizeit oft Benachteiligungen, die zu Ausgrenzung und Diskriminierung führen. Damit Benachteiligungen gar nicht erst entstehen oder möglichst schnell überwunden werden können, haben Menschen mit Behinderungen einen Anspruch auf zusätzliche Leistungen, die ihnen eine gleichberechtigte Teilhabe am (Berufs-)Leben ermöglichen (§ 1 SGB IX). Nach einer Definition der Weltgesundheitsorganisation (WHO) wird Teilhabe als »Einbezogensein in eine Lebenssituation« verstanden.

Diese Teilhabeleistungen erweitern die allgemeinen Sozialleistungen und werden von verschiedenen Trägern erbracht (z. B. Rentenversicherung, Krankenkassen, Arbeitsagenturen, Pflegekassen).

Die Leistungen werden ganz auf den Menschen mit Behinderungen und seine individuellen Bedürfnisse und Wünsche ausgerichtet (z. B. die persönliche Lebenssituation, das Alter und das Geschlecht, die Familie, die Religion oder Weltanschauung). Das gilt insbesondere für Kinder und Frauen. Behinderte Menschen sind somit mündige Ansprechpersonen in eigener Sache und erhalten die entsprechenden Rechte (»Wunsch- und Wahlrecht«), um nicht »Objekte« des Rehabilitationsprozesses zu sein. Ihnen soll möglichst viel Raum für die eigene Lebensgestaltung gelassen werden (§ 8 SGB IX).

So können sich Menschen mit Behinderungen zwischen Sachleistungen oder Geldleistungen (»persönliches Budget«) entscheiden, um auch Leistungen der eigenen Wahl einkaufen zu können. Die Teilhabeleistungen der unterschiedlichen Träger können sich z. B. auf medizinische Rehabilitation, soziale Teilhabe sowie Teilhabe an Bildung, Mobilität oder Wohnraum beziehen. Die Leistungsträger müssen folglich enger zusammenarbeiten, sich besser untereinander abstimmen, die Leistungen nahtlos und zügig erbringen sowie Ablehnungsbescheide begründen. Da eine leistungsberechtigte Person hier zwischen den ganzen Möglichkeiten und Trägern schnell den Überblick verlieren kann, gibt es seit 2018 die Ergänzende unabhängige Teilhabeberatung (EUTB), die Menschen mit Behinderungen, von Behinderung bedrohte Menschen, aber auch deren Angehörige

unentgeltlich bundesweit zu Fragen der Rehabilitation und Teilhabe berät (siehe *https://www.teilhabeberatung.de/*).
Ein Arbeitsverhältnis bedeutet für behinderte wie für nicht behinderte Menschen nicht nur die Existenzsicherung, sondern auch gesellschaftlichen Status, soziale Kontakte sowie eine Tagesstruktur. Daher kommt der Leistung zur Teilhabe am Arbeitsleben eine besondere Bedeutung zu (§ 49 SGB IX). Sie sollen Menschen mit Behinderungen, aber auch von Behinderung bedrohten Menschen ermöglichen, ihre Erwerbsfähigkeit herzustellen, zu verbessern oder zu erhalten. Ziel ist die dauerhafte Sicherung der Teilhabe am Arbeitsleben. Die Leistungen beziehen sich dabei entsprechend u. a. auf die Aktivierung und Eingliederung, Aus- und Weiterbildung, Förderung einer Selbstständigkeit, technische, therapeutische oder medizinische Hilfen, Unterkunft und Verpflegung sowie Transport. Teilhabeleistungen sind vorrangig zu Renten-, Pflege- und anderen Sozialleistungen.
Da die Schwerbehindertenvertretung im Betrieb für behinderte und gleichgestellte Menschen oft nicht nur der erste Ansprechpartner ist, sondern auch genaue Kenntnisse über die betriebliche Situation und die besondere Beschäftigungslage hat, können hier wertvolle Hinweise und Hilfen zur Verfügung gestellt werden. So wird die Vertrauensperson in der Regel die Kontaktdaten von den jeweiligen Trägern und ggf. geeigneten Ansprechpersonen haben. Oft stehen auch Broschüren über die jeweiligen Teilhabeleistungen der Träger sowie Antragsformulare zur Herausgabe zur Verfügung. Weiterhin kann die Schwerbehindertenvertretung in Beratungsgesprächen, beim betrieblichen Eingliederungsmanagement oder bei Gesprächen zur Personalplanung auf Fördermöglichkeiten zur Arbeitsplatzgestaltung und Arbeitsplatzsicherung hinweisen. Nicht selten lässt sich ein Arbeitgeber auf diese Weise überzeugen, einen gesundheitlich eingeschränkten Menschen weiter zu beschäftigten. Denn auch nicht allen Arbeitgebern ist bekannt, dass nicht nur die Person mit Behinderung, sondern auch sie selbst als Arbeitgeber Leistungen zur Teilhabe am Arbeitsleben beantragen können. Davon profitieren dann nicht nur die betroffenen Menschen, sondern auch der Betrieb, indem er seine Beschäftigungsquote erfüllt.

56

Teilhabe am Arbeitsleben, Infomaterial mit Kostenvoranschlag

Schwerbehindertenvertretung/Firma Ort, Datum
Vorname Name
Anschrift

Name des Amtes
Anschrift

Teilhabe am Arbeitsleben
Kostenvoranschlag

Sehr geehrte Damen und Herren,

ich interessiere mich für .....
Bitte senden Sie mir entsprechendes Informationsmaterial und einen Kostenvoranschlag zu.
Vielen Dank für Ihre Bemühungen

Mit freundlichen Grüßen
Schwerbehindertenvertretung

____

Unterschrift Schwerbehindertenvertretung

Teilhabe am Arbeitsleben (Umbaumaßnahme Behinderten-WC)

57

Schwerbehindertenvertretung/Firma Ort, Datum
Vorname Name
Anschrift

Name des Amtes
Anschrift

Antrag auf Übernahme der Umbaukosten für ein Behinderten-WC

Sehr geehrte Damen und Herren,

Frau Erika M., *Adresse, Versicherungsnr.* ..... arbeitet seit ..... in unserem Hause. Seit ..... ist sie an Multiple Sklerose erkrankt. Seither verschlechterte sich schubförmig ihr Gesundheitszustand.
Durch einen Arbeitsplatzwechsel von ..... in die Abteilung ..... und durch verschiedene technische Hilfsmittel sowie kleineren Umbauten, ist es uns gelungen, Erika M. bis heute trotz ihrer körperlichen Einschränkungen optimal bei uns einzusetzen. Leider haben bei ihr in den letzten Monaten die gesundheitlichen Einschränkungen wieder erheblich zugenommen. Der Grad der Behinderung wurde am ..... von ..... auf ..... erhöht.
Durch ihre körperlichen Einschränkungen hat Erika M. in letzter Zeit erhebliche Probleme mit dem WC, das nicht behindertengerecht ausgestattet ist. Aus Platzmangel konnte sie mit ihrem Rollstuhl nicht ins WC fahren und musste daher zu Fuß den Weg von der WC-Eingangstür bis zur Toilette selbst bewältigen. Diese kurze Wegstrecke fiel Erika M. so schwer, dass sie sogar schon einige Male gestürzt ist. Glücklicherweise kam es bisher noch nicht zu größeren Verletzungen, jedoch ist die Unfallgefahr für sie extrem hoch. Wir können und dürfen diesen Zustand nicht auf Dauer akzeptieren. Hier muss so schnell wie möglich eine bauliche Veränderung geschaffen werden, sodass Erika M. ohne Hindernisse mit ihrem Rollstuhl zur Toilette fahren kann. Wir haben nun die Möglichkeit, ein selten benutztes Damen-WC (mit den Kolleg*innen schon abgesprochen) behindertengerecht für Erika M. umzugestalten.
Deshalb bitten wir Sie, die Übernahme der Umbaukosten für das Behinderten-WC zu übernehmen. Die Höhe der Umbaukosten entnehmen Sie bitte dem beiliegenden Kostenvoranschlag. Wir bitten Sie ggf. um eine Weiterleitung an den zuständigen Leistungsträger. Bei Fragen stehe ich Ihnen gerne unter der Telefonnummer ..... zur Verfügung. Aufgrund der Dringlichkeit würden

wir uns über eine schnellstmögliche Erledigung und eine positive Antwort Ihrerseits freuen.

Mit freundlichen Grüßen
Schwerbehindertenvertretung

____

Unterschrift Schwerbehindertenvertretung

Anlage: Kostenvoranschlag

Teilhabe am Arbeitsleben (Anschaffung Hub-Neige-Gerät) 58

Schwerbehindertenvertretung/Firma
Vorname Name
Anschrift

Ort, Datum

Name des Amtes
Anschrift

Antrag auf Kostenübernahme für eine technische Arbeitshilfe

Sehr geehrte Damen und Herren,

Herr Max M., *Adresse*, ist seit dem ..... bei uns beschäftigt. Seit einigen Jahren arbeitet Max M. zweischichtig im Logistikzentrum in ..... an einem Arbeitsplatz für leistungsgeminderte Mitarbeiter. Dort werden bundesweite Rückläufe an Ersatzeilen in Gitterboxpaletten angeliefert, sortiert, zum Teil gewogen und umverpackt, EDV-technisch erfasst und wieder eingelagert. Die Gewichte der einzelnen Teile liegen zwischen 100 g und 100 kg. Die Arbeitsplätze sind grundsätzlich mit höhenverstellbaren Arbeitstischen und Stehhilfen ausgestattet. Verschiedene Plätze werden noch nachgerüstet. Gabelstapler und Palettenhubwagen stehen für den Materialtransport zur Verfügung.
Max M. hat Probleme bei der Entnahme von schweren Teilen aus den Gitterboxpaletten bzw. beim wieder reinlegen. Das Vornüberbeugen bedeutet für seine geschädigte Wirbelsäule eine enorme Belastung. Zwingend erforderlich wäre die Bereitstellung von Hub-Neige-Geräten. Diese Geräte heben je nach Modell Lasten von 500 bis 3000 kg auf. Zusätzlich ermöglichen Hub-Neigearme ein Neigen der Plattform von +5 Grad bis 90 Grad. Die Arbeitshöhe kann individuell geregelt werden. Die Funktion der Hub-Neige-Geräte gewährleistet einen ergonomischen und effektiven Arbeitsplatz mit ausreichendem Fußraum. Beispiele sind in der Anlage beigefügt.
Max M. hat im Rücken, Hüftbereich sowie unterhalb vom Becken bei seiner derzeitigen Arbeitsausführung unerträgliche Schmerzen. Er kann mit seiner körperlichen Einschränkung nicht mehr annähernd bzw. nur noch sehr eingeschränkt die geforderten Arbeitsaufgaben bewältigen. Erschwerend kommt hinzu, dass er über keinerlei Ausbildungen bzw. Qualifikationen verfügt, die uns helfen würden, für ihn einen anderen geeigneteren Arbeitsplatz bei uns zu finden, an dem wir ihn auf Dauer optimal einsetzen könnten.
Aufgrund dessen bitten wir Sie, die anfallenden Kosten für das Hub-Neige-Gerät zu übernehmen. Für eine wohlwollende Prüfung und positive Bestätigung

danken wir Ihnen schon im Voraus. Für eventuelle Rückfragen stehe ich Ihnen gerne unter der Tel.-Nr. ..... zur Verfügung.

Mit freundlichen Grüßen
Schwerbehindertenvertretung

____
Unterschrift Schwerbehindertenvertretung

Anlagen

Teilhabe am Arbeitsleben (elektrischer Türöffner)

59

Schwerbehindertenvertretung/Firma — Ort, Datum
Vorname Name
Anschrift

Name des Amtes
Anschrift

Antrag auf Kostenübernahme für eine technische Arbeitshilfe

Sehr geehrte Damen und Herren,

Frau Erika M., *Adresse,* geboren ..... arbeitet seit dem ..... in unserem Haus. Durch Anwendung verschiedener technischer Hilfen sowie kleinerer Umbauten, konnten wir Erika M. bis heute, trotz der starken körperlichen Einschränkungen optimal bei uns einsetzen. Trotzdem wäre es für die tägliche Arbeit sehr hilfreich, wenn eine elektrische Türöffnung (siehe Anlage) angebracht werden könnte. Durch ihre Behinderung ist es ihr nicht möglich, die vorhandene, schwere Feuerschutzstahltür zu öffnen.
Aus diesem Grund fragen wir an, ob Sie die Kosten für die von uns gewünschten technischen Hilfsmittel übernehmen? Für eine wohlwollende Prüfung und positive Bestätigung danken wir Ihnen im Voraus.
Sollten Sie noch weitere Informationen benötigen, können Sie sich gerne unter der Tel.-Nr. ..... melden.

Mit freundlichen Grüßen
Schwerbehindertenvertretung

____

Unterschrift Schwerbehindertenvertretung

Anlage

60

Teilhabe am Arbeitsleben (elektrische Lupe/blendfreie Lampe)

Schwerbehindertenvertretung/Firma Ort, Datum
Vorname Name
Anschrift

Name des Amtes
Anschrift

Antrag auf Kostenübernahme für eine technische Arbeitshilfe

Sehr geehrte Damen und Herren,

Herr Max M., *Adresse,* geboren ..... arbeitet seit dem ..... in unserem Haus. Sein Gesundheitszustand hat sich in den letzten Jahren kontinuierlich verschlechtert. Er hat nur noch eine geringe Sehkraft. Dies beeinträchtigt seinen Arbeitsalltag massiv.
Max M. wurde bei uns ab dem ..... in der Verpackung eingesetzt. Unglücklicherweise ist er mittlerweile leider nicht mehr in der Lage, einen Arbeitsauftrag in normaler Schriftgröße zu lesen. Deshalb benötigt er eine Vorlagenkamera, eine elektrische Lupe und eine blendfreie Lampe. Diese Arbeitshilfen sind, um den beruflichen Alltag zu meistern, für Max M. zwingend notwendig. Aus diesem Grund bitten wir um Kostenübernahme für die Gerätekosten in Höhe von ..... Euro. Die Kostenvoranschläge werden wir Ihnen nach Erhalt nachreichen (*alternativ: sind in der Anlage beigefügt*).
Für eine wohlwollende Prüfung und positive Bestätigung danken wir im Voraus. Für eventuelle Rückfragen stehe ich Ihnen gerne unter der Tel. Nr. ..... zur Verfügung.

Mit freundlichen Grüßen
Schwerbehindertenvertretung

____

Unterschrift Schwerbehindertenvertretung

Anlage

Teilhabe am Arbeitsleben (höhenverstellbarer Schreibtisch)[2]

61

Schwerbehindertenvertretung/Firma — Ort, Datum
Vorname Name
Anschrift

Name des Amtes
Anschrift

Antrag auf Kostenübernahme für eine technische Arbeitshilfe

Sehr geehrte Damen und Herren,

Frau Erika M., *Adresse,* geboren ..... arbeitet seit dem ..... in unserem Haus.
Da Erika M. eine vorwiegend sitzende Tätigkeit am Schreibtisch ausübt, ist aus medizinisch/orthopädischen Gründen ein möglichst dynamischer Arbeitsablauf ihrer Tätigkeit erforderlich. Zur beruflichen Rehabilitation und Aufrechterhaltung der Arbeitsfähigkeit ist Erika M. auf die dauerhafte Nutzung eines höhenverstellbaren Arbeitsstehschreibtisches und Bürostuhls angewiesen. Als geeignete Produkte haben sich die der Firma ..... (siehe Angebot) erwiesen, welche ohne Probleme im Arbeitsumfeld integriert werden können. Erika M. hat starke Rückenschmerzen in den Bereichen HWS, LWS sowie ein Schulter-/Armsyndrom.
Seit einigen Jahren hat Erika M. zunehmende Hüftprobleme und kann ihre derzeitige Arbeitsaufgabe nur noch unter starken bzw. unter unerträglichen Schmerzen ausüben. Wir würden Ihnen deshalb gerne auch empfehlen, sich bei einer eventuellen Arbeitsplatzbesichtigung durch Herrn/Frau ..... (Technische*r Berater*in, Integrationsamt, Ort) beraten ggf. unterstützen zu lassen. Außerdem möchten wir Sie bitten, die anfallenden Kosten für den Stehschreibtisch und für den Bürostuhl zu übernehmen.
Für eine wohlwollende Prüfung und positive Bestätigung danken wir Ihnen schon im Voraus. Für eventuelle Rückfragen stehe ich Ihnen gerne unter der Tel.-Nr. ..... zur Verfügung.

---

2 Die Rentenversicherung lehnt solche Anträge häufig ab und verweist auf den Arbeitgeber als vorrangig Verpflichteten. Der Rentenversicherungsträger kann aber im Einzelfall verpflichtet sein, die Kosten selbst zu übernehmen, wenn der betroffene Arbeitnehmer Anspruch auf eine Leistung zur Teilhabe am Arbeitsleben hat, vgl. LSG Baden-Württemberg, 9.9.2020 – L 2 R 2454/19 (siehe SuI 9/2021, 8 und AuM 9/2012, 11).

Teilhabeleistungen

Mit freundlichen Grüßen
Schwerbehindertenvertretung

____

Unterschrift Schwerbehindertenvertretung

Anlage

Teilhabe am Arbeitsleben (Sehbehinderung/Blindheit: Boden-Informationsplatten)

62

Schwerbehindertenvertretung/Firma — Ort, Datum
Vorname Name
Anschrift

Name des Amtes
Anschrift

Antrag auf Kostenübernahme für eine technische Arbeitshilfe

Sehr geehrte Damen und Herren,

Herr Max M., *Adresse,* geboren ..... arbeitet seit dem ..... in unserem Haus. Trotz seiner Erblindung konnten wir durch verschiedene technische Hilfen sowie kleinere Umbauten, Max M. bis heute optimal bei uns einsetzen.
Im ..... musste die komplette Abteilung Verpackung betriebsbedingt von ..... nach ..... verlagert werden. In den neuen, wesentlich größeren Hallen (125 m x 42 m) findet er sich nicht zurecht.
Um seine Orientierung im Hallenbereich zu verbessern, brauchen wir ca. 200 Meter laufende Boden-Informationsplatten (pro Meter 24,50 Euro, Fahrkosten 550 Euro, Montagekosten ca. 1200 Euro, zzgl. MwSt). Durch das Anbringen dieser Bodeninformation des ILIS-Systems (Integratives Leit- und Informationssystem, siehe Anlage) könnte sich Max M. optimal orientieren bzw. sich wesentlich besser zurechtfinden. Diese Wegweiser wären bei seiner täglichen Arbeitsausführung sehr hilfreich und die Lebensqualität von Max M. würde sich dadurch enorm steigern.
Aufgrund dessen möchten wir Sie bitten, die anfallenden Kosten für die Bodeninformationsplatten zu übernehmen.
Für eine wohlwollende Prüfung und positive Bestätigung danken wir Ihnen schon im Voraus. Gerne stehen wir für eventuelle Rückfragen unter der Tel.-Nr. ..... zur Verfügung.

Mit freundlichen Grüßen
Schwerbehindertenvertretung

____

Unterschrift Schwerbehindertenvertretung

Anlage

63

Teilhabe am Arbeitsleben (Beantragung elektrischer Hörschutz bei Hörschädigung)

Schwerbehindertenvertretung/Firma — Ort, Datum
Vorname Name
Anschrift

Name des Amtes
Anschrift

Antrag auf Kostenübernahme für eine technische Arbeitshilfe

Sehr geehrte Damen und Herren,

beiliegend erhalten Sie einen Antrag auf Leistungen zur Teilhabe am Arbeitsleben von Frau Erika M.
Erika M. hat eine angeborene Schwerhörigkeit (GdB 60). Sie arbeitet in einem Produktionsbereich mit einer Lärmbelastung von 70 und 80 dB. Aufgrund der getragenen Hörgeräte kann sie keinen zusätzlichen Hörschutz anlegen und ist somit ständigem Lärm ausgesetzt.
Nach Rücksprache mit unserer/unserem Werksärztin/Werksarzt hat diese/dieser dringend ein elektronisch geregeltes Hörgerät empfohlen, mit dem Erika M. den Empfang der Umgebungslautstärke anpassen kann. Aufgrund der zu bedienenden Maschinen und aufgrund sicherheitsrelevanter Themen (*Stapler etc.*) ist ein Richtungshören am Arbeitsplatz unbedingt erforderlich.
Das Integrationsamt hat eine Finanzierung abgelehnt und an den Rentenversicherungsträger verwiesen. Anbei übersende ich Ihnen die Rechnung des Hörgerätes von Erika M.
Wir bitten Sie, diesen Antrag zu bewilligen.

Mit freundlichen Grüßen
Schwerbehindertenvertretung

____
Unterschrift Schwerbehindertenvertretung

Anlage

VIII. Besondere Angelegenheiten

Menschen, die erstmalig eine Schwerbehinderung oder Gleichstellung anerkannt bekommen haben, wissen oft nicht, was das jetzt weiter für sie bedeutet oder welche Rechte und Leistungen sich für sie ergeben. Doch auch Personen, die schon seit längerer Zeit eine anerkannte Behinderung haben, sind bei veränderten Lebensbedingungen mitunter ratlos, an wen sie sich wenden können. Hier ist die Schwerbehindertenvertrauensperson eine wichtige Anlaufstelle für kompetenten Rat über die weitere Vorgehensweise, richtige Ansprechpartner bei Leistungsträgern oder allgemeine Informationen.
Zudem kann die Vertrauensperson mit dem Einverständnis des behinderten Menschen Kontakt zum Arbeitgeber oder Vorgesetzten aufnehmen und Maßnahmen anregen, die dem Betroffenen dienen. So kann die Schwerbehindertenvertretung anregen, eine Mehrfachanrechnung einer behinderten Person bei der Agentur für Arbeit zu beantragen, wenn sie wegen ihrer Art und Schwere der Behinderung besonders betroffen sind. Mit einer Mehrfachanrechnung erfüllt der Arbeitgeber schneller seine Pflichtquote zur Beschäftigung behinderter Menschen und kann so ggf. Kosten der Ausgleichsabgabe einsparen. Mit diesem finanziellen Ausgleich zeigen Arbeitgeber mitunter mehr Bereitschaft, Kosten für die Ausstattung eines leidensgerechten Arbeitsplatzes oder Qualifizierungsmaßnahmen zu übernehmen. Dabei sollte die Schwerbehindertenvertretung zum eigenen Schutz keine Rechtsberatung durchführen, sondern jeweils auf professionelle Beratungsstellen verweisen. Dennoch kann ein Gespräch mit der Schwerbehindertenvertretung, die Bereitstellung von Musterschreiben, Anträgen oder Checklisten eine große Hilfe und Orientierungsmöglichkeit sein. Betroffene werden so wieder zu aktiven Beteiligten an ihrem eigenen Prozess und fühlen sich nicht als »Getriebene«.
Insgesamt fühlen sich die Betroffenen den Behörden gegenüber häufig unterlegen, verstehen die mitunter juristisch und kompliziert formulierten Bescheide nicht oder können die Verfahrensdauer nicht einschätzen. Das führt schnell zur Verunsicherung oder gar Resignation, bei der sich leistungsberechtigte Antragsteller*innen als »Bittsteller« empfinden.

So kann es vorkommen, dass die Behörde einen seit langer Zeit geltenden Schwerbehindertenstatus überprüft und aberkennen will. Das stellt Beschäftigte immer dann vor eine besondere Herausforderung, wenn diese ihre weitere berufliche Lebensplanung auf die Schwerbehinderteneigenschaft abgestellt haben (z. B. bei Altersteilzeit oder einer Altersrente für Schwerbehinderte). Auch das »automatische« Ende einer Schwerbehinderung bei gewissen Krankheitsbildern (z. B. Heilungsbewährung nach einer Krebserkrankung) überfordert viele Betroffene. Hier hilft es betroffenen Personen im Gespräch mit der Schwerbehindertenvertretung zu erkennen, dass einige Verfahren der Behörden zum üblichen Ablauf gehören und nicht notwendigerweise etwas mit ihnen persönlich zu tun haben.
Es kann sich jedoch auch die eigene Lebenssituation so ändern, dass die bisherigen Leistungen eines Trägers angepasst oder die Arbeitssituation entsprechend der persönlichen Belastungsgrenze verändert werden müssen. So kann es erforderlich werden, dass ein Beschäftigter mehr Regenerationszeiträume braucht, um insgesamt die Erwerbsfähigkeit erhalten zu können. Dann können die Beanspruchung des Zusatzurlaubs für Schwerbehinderte, der Antrag einer behinderungsbedingten Teilzeitarbeit oder die Zurückweisung von Mehrarbeit geeignete Instrumente sein. Mit Hilfe dieser Informationen öffnen sich für betroffene Beschäftigte wieder Handlungsoptionen.
Auch wenn die Schwerbehindertenvertrauensperson sicher nicht immer auf alle Anliegen der ratsuchenden Beschäftigten eine Lösung oder Antwort parat hat, so stehen ihr dennoch Instrumente zur Verfügung, die den Betroffenen eine echte Hilfe sein können.

Hinweise zur Mehrfachanrechnung

Das zuständige Amt, bei dem die Mehrfachanrechnung beantragt wird, ist die Bundesagentur für Arbeit. 64

Grundsätzlich wird ein schwerbehinderter Mensch, den der Arbeitgeber beschäftigt, auf einen Pflichtarbeitsplatz angerechnet. Die Agentur für Arbeit kann aber die Anrechnung eines schwerbehinderten Beschäftigten auf max. 3 Pflichtplätze zulassen.

Voraussetzung hierfür ist, dass der Arbeitgeber einen Mitarbeiter beschäftigt, dessen Teilhabe am Arbeitsleben aufgrund seiner Schwerbehinderung auf besondere Schwierigkeiten stößt. Es handelt sich dabei grundsätzlich um folgende Personen:

1. Schwerbehinderte Menschen, die wegen der Art und Schwere ihrer Behinderung besonders im Arbeitsleben betroffen sind, vor allem solche,
   - die nicht nur vorübergehend zur Ausübung der Beschäftigung wegen ihrer Behinderung einer besonderen Hilfskraft bedürfen
   - bei ihrer Beschäftigung außergewöhnliche Aufwendungen für den Arbeitgeber bedingen,
   - infolge ihrer Behinderung offensichtlich eine nur wesentlich verminderte Arbeitsleistung erbringen können,
   - bei denen ein GdB von mind. 50 allein aufgrund geistiger oder seelischer Behinderung oder eines Anfallsleidens vorliegt,
   - die wegen der Art und Schwere ihrer Behinderung keine abgeschlossene Berufsausbildung im Sinne des Berufsbildungsgesetzes haben
2. Schwerbehinderte Menschen, die das 50. Lebensjahr vollendet haben

Aber auch jeder andere schwerbehinderte Mensch kann mehrfach angerechnet werden, wenn seine Arbeitsvermittlung auf besondere Schwierigkeiten stößt.

Beispiele:

- Azubis: Anrechnung von 2–3 Pflichtplätzen
- Gehörlose: Anrechnung von 3 Pflichtplätzen
- Rollstuhlfahrer: Anrechnung von 3 Pflichtplätzen

Mehrfachanrechnung gemäß § 159 SGB IX (Leistungsminderung/krankheitsbedingte Fehlzeiten)

65

Schwerbehindertenvertretung/Firma — Ort, Datum
Vorname Name
Anschrift

Name des Amtes (Agentur für Arbeit)
Anschrift

Mehrfachanrechnung gemäß § 159 SGB IX für Max M., geb. .....

Sehr geehrte Damen und Herren,

nach § 159 SGB IX habe ich mit meinem Arbeitgeber ordnungsgemäß die Beantragung der Mehrfachanrechnung für den Schwerbehinderten Max M. besprochen. In Abstimmung mit dem Betriebsrat befürworte ich eine Mehrfachanrechnung.
Begründung:
Obwohl Max M. seit dem ..... in unserer Firma ..... beschäftigt ist, gestaltet sich die Teilhabe am Arbeitsleben mit zunehmendem Alter immer schwieriger. Max M. gehört zu dem Personenkreis des § 155 SGB IX. Er ist durch die Art und Schwere der Behinderung im Arbeitsleben besonders eingeschränkt. Diese ist durch eine wesentliche Leistungsminderung sowie durch hohe krankheitsbedingte Fehlzeiten, die auf die Behinderungen zurückzuführen sind, gekennzeichnet.
Die Beschäftigung von Max M. ist mit einem höheren Betreuungsaufwand verbunden. Für den Arbeitgeber ergeben sich aus der Beschäftigung von Max M. zusätzliche finanzielle Belastungen, insbesondere durch einen Lohnausgleich, da er eine verminderte Arbeitsleistung erbringt.
Darüber hinaus fallen durch die häufigen krankheitsbedingten Fehlzeiten zusätzlich erhebliche Lohnfortzahlungskosten an. Durch diese überdurchschnittlichen Belastungen des Arbeitgebers sehe ich den Arbeitsplatz von Max M. als sehr gefährdet an. Eine Mehrfachanrechnung würde dazu beitragen, seinen Arbeitsplatz zu sichern.

Der Bescheid des Amtes für soziale Angelegenheiten ..... vom ..... über die anerkannten Behinderungen kann bei Bedarf zur Verfügung gestellt werden.

Mit freundlichen Grüßen
Schwerbehindertenvertretung

____

Unterschrift Schwerbehindertenvertretung

Mehrfachanrechnung gemäß § 159 SGB IX (nur sitzende Tätigkeit möglich, finanzielle Mehrbelastung für Arbeitgeber)

66

Schwerbehindertenvertretung/Firma — Ort, Datum
Vorname Name
Anschrift

Name des Amtes (Agentur für Arbeit)
Anschrift

Mehrfachanrechnung gemäß § 159 SGB IX für Erika M., geb. .....

Sehr geehrte Damen und Herren,

die Schwerbehindertenvertretung befürwortet den Antrag auf Mehrfachanrechnung gemäß § 159 SGB IX mit folgender Begründung:
Erika M. konnte wegen einer Wirbelsäulen- und Kniegelenkserkrankungen nicht mehr in der Betriebsfeuerwehr eingesetzt werden und benötigt eine sitzende Tätigkeit. Das Arbeitsverhältnis war über mehrere Jahre stark gefährdet. Diverse Arbeitsversuche in produktionsnahen Bereichen blieben ohne Erfolg.
Wir konnten erreichen, dass Erika M. in der Poststelle als Fahrerin eingesetzt wurde. Aus diesem Grund wurde dieser Arbeitsplatz nicht fremd vergeben. Dies ist für den Arbeitgeber eine finanzielle Mehrbelastung von etwa 30 Prozent der Lohnkosten. Der Umbau des Fahrzeuges wurde durch das Integrationsamt bezahlt. Wie der Arbeitgeber, teile auch ich die Meinung, dass Erika M. auf zwei Pflichtplätze angerechnet werden sollte. Die dauerhafte Anrechnung auf zwei Pflichtarbeitsplätze ist aus meiner Sicht gerechtfertigt und würde den Arbeitgeber für seinen finanziellen Aufwand nur gering entlasten.
Uns, dem Betriebsrat und der Schwerbehindertenvertretung, würde die Mehrfachanrechnung als kleiner Anreiz dienen, den Arbeitgeber dazu zu bewegen, noch mehr Arbeitsplätze für Mitarbeiter mit starken Einsatzeinschränkungen oder einer Schwerbehinderung ins Unternehmen zurückzuholen, zu sichern oder zu schaffen.

Mit freundlichen Grüßen
Schwerbehindertenvertretung

____
Unterschrift Schwerbehindertenvertretung

Mehrfachanrechnung gemäß § 159 SGB IX (Mehrbelastung durch spezielle Ausbildung für Fahrer – nur sitzende Tätigkeit)

67

Schwerbehindertenvertretung/Firma Ort, Datum
Vorname Name
Anschrift

Name des Amtes (Agentur für Arbeit)
Anschrift

Mehrfachanrechnung gemäß § 159 SGB IX für Max M., geb. .....

Sehr geehrte Damen und Herren,

die Schwerbehindertenvertretung befürwortet den Antrag auf Mehrfachanrechnung gemäß § 159 SGB IX mit folgender Begründung:
Max M. konnte wegen einer Kniegelenkserkrankungen nicht mehr in der Montage eingesetzt werden und das Arbeitsverhältnis war über mehrere Jahre stark gefährdet. Verschiedenste Arbeitsversuche in der Produktion blieben ohne Erfolg. Wir konnten als Betriebsrat und Schwerbehindertenvertretung erreichen, dass ein Rundverkehr mit Shuttlebussen innerhalb des Werkes nicht fremd vergeben wurde, sondern mit Kolleginnen und Kollegen aus der Produktion, die dort nicht mehr einsetzbar waren, besetzt wurde. Die Kolleg*innen mussten auf Kosten des Arbeitgebers einen Personenbeförderungsschein machen und sind danach als Fahrer auf werkseigenen Bussen eingesetzt worden. Dies ist für den Arbeitgeber eine finanzielle Mehrbelastung von etwa 30 Prozent der Lohnkosten. Die erforderliche Ausbildung ist hierbei nicht berücksichtigt. Max M. bekam einen dieser Plätze und ist dort seit ..... leidensgerecht eingesetzt.
Ich bin wie der Arbeitgeber der Meinung, dass Max M. auf zwei Pflichtplätze angerechnet werden sollte. Die dauerhafte Anrechnung auf zwei Pflichtarbeitsplätze ist aus meiner Sicht gerechtfertigt und würde den Arbeitgeber für seinen finanziellen Aufwand zumindest ein wenig entlasten. Uns, dem Betriebsrat und der Schwerbehindertenvertretung, würde die Mehrfachanrechnung als kleiner Anreiz dienen, den Arbeitgeber dazu zu bewegen, noch mehr Arbeitsplätze für Mitarbeiter mit starken Einsatzeinschränkungen oder einer

Schwerbehinderung ins Unternehmen zurückzuholen, zu sichern oder zu schaffen.

Mit freundlichen Grüßen
Schwerbehindertenvertretung

____

Unterschrift Schwerbehindertenvertretung

Mehrfachanrechnung gemäß § 159 SGB IX (Mehrbelastung durch Lähmung/sitzende Tätigkeit)

68

Schwerbehindertenvertretung/Firma Ort, Datum
Vorname Name
Anschrift

Name des Amtes (Agentur für Arbeit)
Anschrift

Mehrfachanrechnung gemäß § 159 SGB IX für Erika M., geb. .....

Sehr geehrte Damen und Herren,

die Schwerbehindertenvertretung befürwortet den Antrag auf Mehrfachanrechnung gemäß § 159 SGB IX mit folgender Begründung:
Erika M. konnte wegen eines Schlaganfalls mit Lähmungen der linken Körperseite in der Produktion nicht mehr eingesetzt werden. Das Arbeitsverhältnis war dadurch stark gefährdet. Mehrere Arbeitsversuche in ..... blieben ohne Erfolg. Wir konnten als Betriebsrat und Schwerbehindertenvertretung erreichen, dass fremdvergebene Arbeiten als Tätigkeiten für Werkschützer in unser Unternehmen zurückgeholt wurden. Das ist für den Arbeitgeber eine finanzielle Mehrbelastung von etwa 30 Prozent der Lohnkosten. Die erforderliche Ausbildung ist hierbei nicht berücksichtigt.
Erika M. bekam einen dieser Arbeitsplätze und ist dort seit Sommer ..... leidensgerecht eingesetzt. Sie wird in den nächsten zwei Jahren als Werkschützerin ausgebildet, um anschließend in dem neuen Berufsbild zu arbeiten. Ich bin der Meinung, dass über den Antrag des Arbeitgebers hinaus Erika M. für den Zeitraum der Ausbildung von zwei Jahren drei Pflichtplätze angerechnet werden sollten. Nach der Ausbildung sollten zwei Pflichtplätze angerechnet werden. Die dauerhafte Anrechnung auf zwei Pflichtarbeitsplätze nach der Ausbildung ist aus meiner Sicht gerechtfertigt und würde den Arbeitgeber für seinen finanziellen Aufwand zumindest ein wenig entlasten.
Uns, dem Betriebsrat und der Schwerbehindertenvertretung, würde die Mehrfachanrechnung als kleiner Anreiz dienen, den Arbeitgeber dazu zu bewegen, noch mehr Arbeitsplätze für Mitarbeiter*innen mit starken Einsatz-

einschränkungen oder einer Schwerbehinderung ins Unternehmen zurückzuholen, zu sichern oder zusätzlich zu schaffen.

Mit freundlichen Grüßen
Schwerbehindertenvertretung

____
Unterschrift Schwerbehindertenvertretung

Mehrfachanrechnung gemäß § 159 SGB IX (3 Pflichtarbeitsplätze, psychische Störung)

69

Schwerbehindertenvertretung/Firma Ort, Datum
Vorname Name
Anschrift

Name des Amtes (Agentur für Arbeit)
Anschrift

Mehrfachanrechnung gemäß § 159 SGB IX für Max M., geb. .....

Sehr geehrte Damen und Herren,

die von der ..... (Firma, Ort) bei Ihnen beantragte Mehrfachanrechnung für Max M. unterstützen wir im vollen Umfang. Aufgrund der psychischen Beeinträchtigung ist Max M. nicht in der Lage, die vorgegebenen Arbeiten in vollem Umfang zu tätigen. Für die Abteilung entsteht eine hohe finanzielle Mehrbelastung dahingehend, dass die Einweisung in die Arbeitsaufgaben wiederholt erfolgen muss und eine überdurchschnittliche Kontrolle (Quantität, Arbeitsvorgang, Qualität usw.) durch den Vorarbeiter bzw. den Meister erforderlich ist.
Mit dem Arbeitgeber vertreten wir dieselbe Auffassung, dass Max M. auf mindestens zwei Pflichtarbeitsplätze angerechnet werden sollte. Aufgrund des erheblichen Zeitaufwands und dem sehr hohen finanziellen, wiederkehrenden Aufwand für die Firma ..... vertreten wir als Schwerbehindertenvertretung die Meinung, dass eine dauerhafte Anrechnung auf drei Pflichtarbeitsplätze gerechtfertigt ist.
Unsere Schwerbehindertenquote liegt derzeit bei ca. ..... Prozent. Zwar könnte die Firma ..... dadurch keine finanzielle Einsparung (Ausgleichabgabe) einbehalten, trotzdem würde uns die Mehrfachanrechnung bei unserer weiteren Arbeit unterstützen. Wir versuchen durch Arbeitshilfen, Lohnkostenzuschüsse, Mehrfachanrechnungen usw. die Firma ..... dazu zu bewegen, Arbeitsplätze für Mitarbeiter*innen mit starken Einschränkungen zu sichern bzw. wollen sogar neue Arbeitsplätze für mehrfach schwerbehinderte Menschen schaffen.

Besondere Angelegenheiten

Wir bitten Sie, der Mehrfachanrechnung zuzustimmen. Bei Fragen stehe ich Ihnen gerne unter der Telefonnummer ..... zur Verfügung und verbleibe

mit freundlichen Grüßen
Schwerbehindertenvertretung

____

Unterschrift Schwerbehindertenvertretung

Mehrfachanrechnung gemäß § 159 SGB IX (Gehörlos, Schulung der Kolleg*innen in Gebärdensprache)

70

Schwerbehindertenvertretung/Firma Ort, Datum
Vorname Name
Anschrift

Name des Amtes (Agentur für Arbeit)
Anschrift

Mehrfachanrechnung gemäß § 159 SGB IX für Erika M., geb. .....

Sehr geehrte Damen und Herren,

wir beantragen für Erika M. eine Mehrfachanrechnung von einem auf drei Pflichtplätze. Erika M. (gehörlos) ist seit dem ..... bei uns in der Firma ..... als Maschinenbedienerin beschäftigt.
Mit einem höheren Arbeitsaufwand im Arbeitsleben muss der Arbeitgeber Erika M. betreuen, denn oft werden Anweisungen nur teilweise oder falsch verstanden. Deshalb muss immer eine Prüfung durch den Vorgesetzten stattfinden, ob Erika M. die Arbeitsanweisung usw. richtig verstanden hat.
Auch auf inhaltliche Verständnisprobleme (Text von Anleitungen, Betriebsvereinbarungen usw.) muss Rücksicht genommen werden. Der Vorgesetze sowie ein paar Kolleginnen und Kollegen aus der Abteilung haben sich für eine gute und vereinfachte Kommunikation mit Erika M. einige grundlegende Gebärden auf einer Wochenendschulung in Flehingen (KVJS) angeeignet.
Durch den höheren Zeitaufwand des Arbeitgebers ist die Schwerbehindertenvertretung der Auffassung, dass Erika M. auf drei Pflichtarbeitsplätze angerechnet werden sollte. Aus unserer Sicht wäre dies durch den doch sehr hohen wiederkehrenden Aufwand der Firma ..... gerechtfertigt. Unsere Schwerbehindertenquote liegt derzeit bei ca. ..... Prozent.
Bei Fragen stehe ich Ihnen gerne unter der Telefonnummer ..... zur Verfügung.

Mit freundlichen Grüßen
Schwerbehindertenvertretung

____

Unterschrift Schwerbehindertenvertretung

71

Anfrage zu Schwerbehindertenausweis

Schwerbehindertenvertretung/Firma Ort, Datum
Vorname Name
Anschrift

Vorname Name
Anschrift

Schwerbehindertenausweis
Befristung bis .....

Liebe Kollegin/lieber Kollege,

wie Dir/Ihnen bestimmt bekannt, ist der Schwerbehindertenausweis eine wesentliche Voraussetzung für den Nachweis der Eigenschaft als schwerbehinderter Mensch und die Inanspruchnahme von Rechten und Nachteilsausgleichen, wie z. B. Kündigungsschutz und Zusatzurlaub, nach dem SGB IX. Nach unseren Unterlagen läuft Dein/Ihr Schwerbehindertenausweis am ..... ab bzw. ist am ..... bereits abgelaufen.
Zu den Aufgaben der Schwerbehindertenvertretung gehören u. a. die Unterstützung bei Anträgen auf Feststellung des Grades der Behinderung bzw. Gleichstellung bei den zuständigen Behörden, Widerspruchsverfahren usw. (§ 178 SGB IX). Aus diesem Grund bieten wir Dir/Ihnen unsere Unterstützung bei der Ausweisverlängerung bzw. Antragstellung (Neufeststellung wegen bestehender bzw. Auftreten neuer Behinderungen) an.
Wir bitten Dich/Sie, den Schwerbehindertenausweis entweder persönlich bei uns vorbeizubringen (Gebäude ....., Büro der Schwerbehindertenvertretung, Zimmer .....) bzw. über die Hauspost (.....) an uns zu senden.
Hast Du/Sie bereits einen neuen, bzw. verlängerten Schwerbehindertenausweis erhalten, so bitten wir um eine kurze Information, auch damit wir den Arbeitgeber von Deiner/Ihrer Schwerbehinderteneigenschaft in Kenntnis setzen können (insbesondere bzgl. Zusatzurlaub).

Mit freundlichen Grüßen
Schwerbehindertenvertretung

____
Unterschrift Schwerbehindertenvertretung

Antrag auf Ausstellung eines Schwerbehindertenausweises 72

Schwerbehindertenvertretung/Firma Ort, Datum
Vorname Name
Anschrift

Name des Amtes (Versorgungsamt)
Anschrift

Ausstellung eines Schwerbehindertenausweises für ....., geb. .....

Sehr geehrte Damen und Herren,

mit Bescheid/Änderungsbescheid/Feststellungsbescheid des Versorgungsamtes vom ..... gehört Herr/Frau ..... mit einem Grad der Behinderung (GdB) von ..... zum Kreis der schwerbehinderten Menschen.
Anbei erhalten Sie ein Lichtbild mit der Bitte um Ausstellung des Schwerbehindertenausweises.
Aktenzeichen: .....
Vorname/Name: ..... geboren am: .....
Anschrift: Straße, PLZ Ort

Mit freundlichen Grüßen
Schwerbehindertenvertretung

____
Unterschrift Schwerbehindertenvertretung

Anlage

73

Rücknahme eines Antrags auf Zusatzurlaub

Vorname Name
Anschrift

Ort, Datum

Firma
Personalabteilung
Anschrift

Rücknahme meines Antrags auf Zusatzurlaub vom .....

Sehr geehrte Damen und Herren,

hiermit teile ich Ihnen mit, dass mit Schreiben vom ..... mein Antrag auf Schwerbehinderung vom Versorgungsamt ..... abgelehnt wurde.
Somit ist mein Antrag auf Zusatzurlaub vom ..... hinfällig.

Mit freundlichen Grüßen
Vorname Name

____
Unterschrift

Antrag auf Zusatzurlaub nach § 208 SGB IX

Vorname Name Ort, Datum 74
Anschrift

Firma
Personalabteilung
Anschrift

Zusatzurlaub nach § 208 SGB IX

Sehr geehrte Damen und Herren,

am ..... habe ich beim Versorgungsamt ..... wegen meiner Behinderungen einen Antrag auf eine Feststellung der Schwerbehinderteneigenschaft gestellt. Ich bitte Sie, mir den Zusatzurlaub für Schwerbehinderte gemäß § 208 SGB IX ab dem Jahr der Anerkennung zu gewähren, sobald mir ein positiver Bescheid über die Feststellung der Schwerbehinderung vorliegt.
Ich werde Sie über das Ergebnis des Feststellungsverfahrens unverzüglich informieren.

Mit freundlichen Grüßen
Vorname Name

Unterschrift

Geltendmachung von Urlaubstagen aufgrund von Krankheit

75

Vorname Name — Ort, Datum
Anschrift

Firma
Personalabteilung
Anschrift

Geltendmachung von Urlaubstagen für das Kalenderjahr .....

Sehr geehrte Damen und Herren,

ich bin leider seit dem ..... durchgängig arbeitsunfähig krank.
Aus diesem Grund konnte ich im laufenden Jahr ..... den mir zustehenden Erholungsurlaub *nicht/nicht vollständig* antreten. Nach meiner Kenntnis (*alternativ: laut meiner letzten Entgeltabrechnung vom Monat .....*) stehen mir für das laufende Kalenderjahr ..... noch ..... Urlaubstage zu.
Da ich diese Urlaubstage im laufenden Jahr nicht mehr in Freizeit einbringen kann, bitte ich Sie um Übertragung auf das nächste Kalenderjahr.
Laut BAG-Entscheidung vom 18.9.2012 (Az. 9 AZR 623/10) verfällt der gesetzliche Mindesturlaub bei dauerhafter oder langanhaltender Krankheit erst nach 15 Monaten nach Ablauf des entsprechenden Urlaubsjahrs.
Bitte bestätigen Sie mir bis zum 31.12..... schriftlich den korrekten Umfang meines aktuellen Urlaubsanspruchs, die Übertragung dieses Anspruchs auf das nächste Kalenderjahr sowie die Verfallfristen.
Für Rückfragen stehe ich gerne zur Verfügung.

Mit freundlichen Grüßen
Vorname Name

____

Unterschrift

Antrag auf Schwerbehinderung – Bearbeitungsstand

76

Schwerbehindertenvertretung/Firma Ort, Datum
Vorname Name
Anschrift

Vorname Name
Anschrift

Antrag auf Schwerbehinderung
Bearbeitungsstand

Liebe Kollegin/lieber Kollege,

Du hast am ..... einen Antrag auf ..... beim Versorgungsamt ..... gestellt.
Zu den Aufgaben der Schwerbehindertenvertretung gehört u.a. die Unterstützung bei Anträgen auf Feststellung des Grades der Behinderung bei der zuständigen Behörde bzw. bei Anträgen auf Gleichstellung bei der Agentur für Arbeit (§ 152 SGB IX) sowie beim Widerspruchsverfahren.
Bitte teile uns den aktuellen Bearbeitungsstand mit und ob wir Dich in irgendeiner Weise unterstützen können. (Telefon: ....., Mobil: ....., E-Mail: .....).

Mit freundlichen Grüßen
Schwerbehindertenvertretung

____

Unterschrift Schwerbehindertenvertretung

Antrag auf gebärdensprachliche Unterstützung

77 Schwerbehindertenvertretung/Firma — Ort, Datum
Vorname Name
Anschrift

Name/Firma
Anschrift

Antrag auf gebärdensprachliche Unterstützung

Sehr geehrte Damen und Herren,

wir haben im Jahr ..... folgende Termine, bei denen wir gebärdensprachliche Unterstützung benötigen:
Betriebsversammlung am ..... von ..... Uhr bis ca. ..... Uhr
Betriebsversammlung am ..... von ..... Uhr bis ca. ..... Uhr
Betriebsversammlung am ..... von ..... Uhr bis ca. ..... Uhr
Schwerbehindertenversammlung am ..... von ..... Uhr bis ..... Uhr
Bitte senden Sie uns eine Bestätigung, ob Sie an den genannten Terminen teilnehmen können.
Bei eventuellen Fragen stehen wir Ihnen gerne unter der Telefonnummer ..... zur Verfügung.
Für Ihre Bemühungen danken wir Ihnen schon im Voraus.

Mit freundlichen Grüßen
Schwerbehindertenvertretung

____
Unterschrift Schwerbehindertenvertretung

Einspruch gegen Verwarnungsgeld

78

Vorname Name
Anschrift

Ort, Datum

Name der Behörde
Anschrift

Einspruch gegen Verwarnungsgeld

Sehr geehrte Damen und Herren,

am ..... verwarnten Sie mich wegen unberechtigten Parkens auf einem Behindertenparkplatz (siehe Anlage).
Ich bitte Sie, die Verwarnung zurückzunehmen, da ich selbst behindert bin. Meine Parkberechtigung, die ich normalerweise immer deutlich erkennbar hinter der Frontscheibe platziere, ist heruntergefallen. An der Heckscheibe war jedoch das Rollstuhlfahrer-Symbol deutlich erkennbar.

Mit freundlichen Grüßen
Vorname Name

____

Unterschrift

Anlagen
Strafzettel
Kopie des Schwerbehindertenausweises

79

Checkliste zur behinderungsbedingten Teilzeit nach § 164 Abs. 5 Satz 3 SGB IX

Frage	Umsetzung
Wer hat Anspruch?	Schwerbehinderte Beschäftigte (GdB 50 oder mehr) Gleichgestellte Beschäftigte (GdB 30 oder 40)
Voraussetzung für den Anspruch?	Die Arbeitszeitverkürzung ist wegen der Art und Schwere der Behinderung notwendig (Nachweis z. B. durch Attest)
Gibt es eine Mindest-Betriebsgröße zu beachten?	Nein, anders als bei der allgemeinen Teilzeit gilt die behinderungsbedingte Teilzeit auch in Betrieben mit 15 und weniger Beschäftigten.
Wie muss ich die behinderungsbedingte Teilzeit beantragen?	Möglichst schriftlich (Nachweisfunktion) beim Arbeitgeber, ansonsten aber formlos. Dabei sollte die Reduzierung der Arbeitszeit und die Verteilung der Arbeitszeit auf die Arbeitstage genau angegeben werden.
Muss der Arbeitgeber dem Antrag zustimmen?	Nein, eine Zustimmung ist hier nicht erforderlich. Allerdings kann sich der Arbeitgeber auf »Unzumutbarkeit« berufen, wenn z. B. die Umsetzungskosten unverhältnismäßig hoch sind oder gesetzliche Vorschriften dem entgegenstehen.
Ist eine Mindest-Betriebszugehörigkeit erforderlich?	Nein, die sonst üblichen sechs Monate Betriebszugehörigkeit sind hier nicht gefordert.
Ab wann kann die behinderungsbedingte Teilzeit umgesetzt werden?	Ab sofort. Eine Umsetzungsfrist ist nicht vorgesehen. Für ein gutes Einvernehmen mit dem Arbeitgeber wäre eine gewisser Planungszeitraum sicher hilfreich.
Kann die behinderungsbedingte Teilzeit auch wieder beendet werden?	Ja, wenn z. B. die Voraussetzungen nicht mehr gegeben sind (also Art und Schwere der Behinderung sich reduziert haben) oder der Arbeitsplatz verändert oder ein anderer Arbeitsplatz angeboten wurde, kann die ursprüngliche Arbeitszeit wieder aufgenommen werden.

Frage	Umsetzung
Was passiert, wenn der Arbeitgeber die behinderungsbedingten Gründe bestreitet?	Alternativ ggf. parallel (»hilfsweise«) kann der Teilzeitwunsch auch nach dem Teilzeit- und Befristungsgesetz beantragt werden. Lehnt der Arbeitgeber die Teilzeit vollständig ab, ist eine Klage vor dem Arbeitsgericht möglich.

IX. Schriftverkehr der Schwerbehindertenvertretung mit dem Arbeitgeber

Arbeitgeber und Schwerbehindertenvertretung arbeiten im Betrieb eng zusammen. Das verlangt nicht nur der § 182 Abs. 2 SGB IX, sondern ist für die Bearbeitung der Belange schwerbehinderter und gleichgestellter Menschen unerlässlich. Dabei findet die Zusammenarbeit nicht nur in Sitzungen und Verhandlungen oder persönlichen oder digitalen Beratungen und Gesprächen statt, sondern immer wieder auch auf schriftlichem Wege. Diese Schriftform kann klassisch in Papierform oder aber auch elektronisch (per E-Mail) erfolgen. Diese Form der Kommunikation wird häufig als sehr formell empfunden und nicht selten reagieren Arbeitgeber auf Schriftstücke der Schwerbehindertenvertretung mit Widerwillen oder gar Ablehnung (»Ach, kommunizieren wir jetzt nur noch schriftlich?«). Mitunter wird der Griff zum geschriebenen Wort gar als Eskalationsstufe oder Kampfansage aufgefasst. Das gilt insbesondere, wenn die Schwerbehindertenvertretung ihre Schreiben mit einer Frist versieht, in der sie eine (schriftliche) Antwort des Arbeitgebers bis zu einem bestimmten Zeitpunkt erwarten. Manche Arbeitgeber sehen diese Fristsetzung als Druck oder Drohung an und verkennen dabei, dass eine Frist in einem Schreiben zum üblichen Rechtsverkehr dazugehört. So nutzen nahezu alle Unternehmen selbst Fristen in ihren Schreiben, um Rechtssicherheit herzustellen (z. B. bis wann eine Rechnung bezahlt werden muss, wie lange ein Angebot gilt oder bis wann sich Interessenten auf eine ausgeschriebene Stelle bewerben können). Fristen dienen der beiderseitigen Zeitplanung und Arbeitsorganisation. Sie bieten Rechtssicherheit und Verbindlichkeit. Falls Arbeitgeber hier irritiert reagieren, mag es daran liegen, dass sie genau diese Vorteile einer Frist vermeiden möchten. Doch davon sollte sich die Schwerbehindertenvertretung nicht abschrecken lassen.

Ein schriftliches Dokument (in Papierform oder elektronisch) schafft Verlässlichkeit und Transparenz. Absender und Adressat haben die gleichen Informationen, Aussagen und Fragen vorliegen. Missverständnisse und Interpretationen können so reduziert werden. Nicht ohne Grund werden im allgemeinen Geschäftsleben weiterhin Vereinbarungen, wichtige Informationen, Verträge, Angebote oder Dokumente schriftlich verfasst und verschickt. Sie dienen neben Transparenz und Verlässlichkeit auch als Nachweis, falls es mal zu Streitigkeiten

oder Gerichtsverfahren kommt. Vielleicht ist das auch ein Grund, warum manche Arbeitgeber lieber mündlich und damit unverbindlich bleiben und sich nicht schriftlich festlegen möchten. Doch zu oft zeigt die Erfahrung, dass ein gegebenes Wort später nicht belastbar ist und »falsch verstanden«, »aus dem Zusammenhang gerissen« oder schlicht »so nie gesagt« wurde. Daher ist grundsätzlich zu empfehlen, dass die Schwerbehindertenvertretung sich wichtige Aussagen der Arbeitgeberseite (nach einer mündlichen Erläuterung) nicht nur selbst in Stichworten notiert, sondern ergänzend um eine schriftliche Zusammenfassung des Gesagten bittet, damit man sich auch später noch darauf berufen kann. Die eigenen Notizen und die schriftlichen Ergänzungen des Arbeitgebers sollten von der Schwerbehindertenvertretung entsprechend archiviert werden, solange der Fall oder das entsprechende Thema noch in Bearbeitung ist. Die dokumentierte und schriftliche Zusammenarbeit mit dem Arbeitgeber stellt damit auch weiterhin eine wesentliche Form der engen Kommunikation dar. Die Schwerbehindertenvertretung sollte also das Verfassen von offiziellen Anschreiben an den Arbeitgeber trainieren und regelmäßig praktizieren, damit es zu einer üblichen Art der Zusammenarbeit gehört.
In diesem Abschnitt werden der Schwerbehindertenvertretung eine Auswahl an unterschiedlichen Anschreiben zu verschiedenen Anlässen für die Zusammenarbeit mit dem Arbeitgeber zur Verfügung gestellt, die auf die betrieblichen Gegebenheiten und die jeweilige Fallkonstellation angepasst werden müssen.

80 Unterrichtungs- und Anhörungsanspruch gemäß § 178 Abs. 2 Satz 1 SGB IX und Kosten der SBV gemäß § 179 Abs. 8 SGB IX

Schwerbehindertenvertretung/Firma — Ort, Datum
Vorname Name
Anschrift

An die
Geschäftsleitung
– im Haus –
Firma .....
Anschrift

Beteiligung der Schwerbehindertenvertretung nach dem SGB IX
§ 178 Abs. 2 Satz 1 SGB IX Unterrichtungs- und Anhörungsanspruch
§ 179 Abs. 8 SGB IX Kosten der Schwerbehindertenvertretung

Sehr geehrte Damen und Herren,

in meiner Eigenschaft als Vertrauensperson des Unternehmens ist es besonders wichtig, die Anliegen der von mir vertretenen schwerbehinderten und gleichgestellten Kolleginnen und Kollegen zu vertreten und dafür zu sorgen, dass ich unverzüglich und umfassend in allen Angelegenheiten zu unterrichten und vor ihrer Entscheidung anzuhören bin.
Gerade als Vertrauensperson habe ich besondere Kenntnisse und Informationen hinsichtlich der Anforderungen von Menschen mit Behinderungen im Arbeitsleben und die Auswirkung der Behinderungen auf das Beschäftigungsverhältnis.
Mehrfach hatte ich Sie bereits mündlich/schriftlich
Mündlich im Monatsgespräch am ....
Schriftlich 1. Anschreiben vom ....
Schriftlich 2. Anschreiben vom ....
zur Einhaltung meiner Beteiligungsrechte aufgefordert.
Gleichwohl wurde dieses nicht beachtet. Leider sehe ich mich jetzt gezwungen, mein Recht auf Beteiligung im arbeitsgerichtlichen Beschlussverfahren feststellen zu lassen (§ 2a Abs. 1 Nr. 3a ArbGG) und werde dazu anwaltliche Beratung in Anspruch nehmen. Diese Kosten haben Sie als Unternehmen gem. § 179 Abs. 8 SGB IX zu tragen (siehe auch Dau/Düwell/Joussen/Luik, 6. Auflage, Rn. 98–104).

Ungeachtet der sicherlich vermeidbaren rechtlichen Konsequenzen ist es für Sie bestimmt nachvollziehbar, dass die Schwerbehindertenvertretung nur aufgrund einer vollständigen und rechtzeitigen Information ihre Mitwirkungsrechte bezüglich der vorgesehenen Maßnahmen und ihrer Auswirkungen auf die betroffenen schwerbehinderten bzw. diesen gleichgestellten Beschäftigten wahrnehmen kann.

Mit freundlichen Grüßen
Schwerbehindertenvertretung

____

Unterschrift Schwerbehindertenvertretung

81

Beteiligung der Schwerbehindertenvertretung nach § 164 Abs. 4 SGB IX

Schwerbehindertenvertretung/Firma — Ort, Datum
Vorname Name
Anschrift

An die
Geschäftsleitung
– im Haus –
Firma .....
Anschrift

Beteiligung der Schwerbehindertenvertretung nach dem SGB IX
hier § 164 Abs. 4 SGB IX

Sehr geehrte Damen und Herren,

Gesundheit ist das höchste Gut der Mitarbeiter und des Unternehmens. Die Kollegin/der Kollege ...... ist gleichgestellt/schwerbehindert und möchte ihren/seinen Rechtsanspruch gemäß § 164 Abs. 4 SGB IX einfordern.
Aufgrund ihrer/seiner Behinderung möchte sie/er, dass

- *ihr/sein Arbeitsplatz behindertengerecht eingerichtet wird*
- *ihre/seine Arbeitsaufgabe neu bewertet wird*
- *ihre/seine Maschine behindertengerecht umgebaut wird*
- *die Arbeitsorganisation und/oder*
- *die Arbeitszeit ihrer/seiner Behinderung angepasst wird*
- *Homeoffice eingerichtet wird*
- ......

Für diese Maßnahmen stehen uns Mittel der Bundesagentur für Arbeit und Begleitende Hilfen des Integrationsamtes zur Verfügung. Gerne können wir uns zu einer Arbeitsplatzbegehung kurzfristig treffen und das weitere Vorgehen besprechen und planen.

Mit freundlichen Grüßen
Schwerbehindertenvertretung

____
Unterschrift Schwerbehindertenvertretung

Aufforderung, einen/eine Inklusionsbeauftragte/n zu bestellen gemäß § 181 SGB IX

82

Schwerbehindertenvertretung/Firma Ort, Datum
Vorname Name
Anschrift

Vorname Name
Anschrift

Benennung eines/einer Inklusionsbeauftragten nach § 181 SGB IX

Sehr geehrte Frau …../sehr geehrter Herr …..,

Ihnen ist sicher bekannt, dass nach § 181 SGB IX ein/eine Inklusionsbeauftragte/r ernannt werden muss. Bitte teilen Sie uns bis zum
…..
eine/n verbindliche/n Inklusionsbeauftragte/n mit.
Wir verstehen das als vertrauensvolle Zusammenarbeit nach § 182 SGB IX.

Mit freundlichen Grüßen
Schwerbehindertenvertretung

____

Unterschrift Schwerbehindertenvertretung

83

Aufnahme von Verhandlungen über eine Inklusionsvereinbarung

Schwerbehindertenvertretung/Firma Ort, Datum
Vorname Name
Anschrift

An die Geschäftsleitung
Firma
Anschrift

Abgabe der Inklusionsvereinbarung, Entwurf vom ..... gem. § 166 SGB IX

Sehr geehrte Frau ...../sehr geehrter Herr .....,

Ihnen ist sicher bekannt, dass nach § 166 SGB IX eine Inklusionsvereinbarung abgeschlossen werden muss. Wir bitten Sie, bis zum ..... mit dem Betriebsrat/Personalrat/der Schwerbehindertenvertretung Verhandlungen aufzunehmen.
Wir verstehen das als vertrauensvolle Zusammenarbeit nach § 182 SGB IX.

Wir übergeben Ihnen hiermit einen ausgearbeiteten Entwurf als Verhandlungsgrundlage.

Abgegeben an: .....
Abgegeben am: .....
Uhrzeit: .....

Mit freundlichen Grüßen
Schwerbehindertenvertretung/Betriebsrat/Personalrat

____

Unterschrift Schwerbehindertenvertretung/Betriebsrat/Personalrat

Anlage: Entwurf einer Inklusionsvereinbarung vom .....

Beteiligung der Schwerbehindertenvertretung gemäß § 167 Abs. 1 SGB IX (Prävention)

84

Schwerbehindertenvertretung/Firma Ort, Datum
Vorname Name
Anschrift

An die
Geschäftsleitung
– im Haus –
Firma .....
Anschrift

Beteiligung der Schwerbehindertenvertretung nach dem SGB IX
§ 167 Abs. 1 SGB IX

Sehr geehrte Damen und Herren,

Gesundheit ist das höchste Gut der Mitarbeiter und des Unternehmens. Leider musste die SBV feststellen, dass für gleichgestellte und schwerbehinderte Kolleginnen und Kollegen das Präventionsverfahren nach § 167 Abs. 1 SGB IX nicht durchgeführt wird.
§ 167 Abs. 1 SGB IX:
»Der Arbeitgeber schaltet bei Eintreten von personen-, verhaltens- oder betriebsbedingten Schwierigkeiten im Arbeits- oder sonstigen Beschäftigungsverhältnis, die zur Gefährdung dieses Verhältnisses führen können, möglichst frühzeitig die Schwerbehindertenvertretung… ein, um mit ihnen alle Möglichkeiten und alle zur Verfügung stehenden Hilfen zur Beratung und mögliche finanzielle Leistungen zu erörtern, mit denen die Schwierigkeiten beseitigt werden können und das Arbeits- oder sonstige Beschäftigungsverhältnis möglichst dauerhaft fortgesetzt werden kann.«
(Aufklärung Prävention nach Dau/Düwell/Joussen/Luik, 6. Auflage, § 167 Abs. 1, Rn. 4, 10 ff.)
§ 182 Abs. 1 SGB IX:
»Arbeitgeber, Inklusionsbeauftragter des Arbeitgebers, Schwerbehindertenvertretung und Betriebs-, Personal-, Richter-, Staatsanwalts- oder Präsidialrat arbeiten zur Teilhabe schwerbehinderter Menschen im Arbeitsleben in dem Betrieb oder der Dienststelle ***eng zusammen …«***

Gemäß § 167 Abs. 1 SGB IX möchte ich darauf hinweisen, dass es sich hierbei nach der Rechtsprechung um ein Verfahren handelt, das bereits bei niedrigschwelligen Störungen im Arbeitsverhältnis zur Anwendung kommen muss.
In der derzeitigen Krise sind hier insbesondere die

- **Arbeitsplatzgefährdung,**
- **personenbedingte Gefährdung,**
- **verhaltensbedingte Gefährdung,**
- **betriebsbedingte Gefährdungen**

hervorzuheben. Diese Gründe führen notwendigerweise zur Einleitung des Verfahrens, wenn der schwerbehinderte Mitarbeitende davon betroffen ist. Krankheit, Auftragsmangel, Absatzschwierigkeiten, Organisationsänderungen, Einführung von Kurzarbeit etc., also letztlich alle Maßnahmen, die derzeit leider diskutiert werden müssen.
Ungeachtet der sicherlich vermeidbaren rechtlichen Konsequenzen ist es für Sie bestimmt nachvollziehbar, dass die Schwerbehindertenvertretung nur auf Basis einer vollständigen und rechtzeitigen Information ihre Mitwirkungsrechte bezüglich der vorgesehenen Maßnahmen und ihrer Auswirkungen auf die betroffenen schwerbehinderten bzw. diesen gleichgestellten Beschäftigten wahrnehmen kann.

Mit freundlichen Grüßen
Schwerbehindertenvertretung

____

Unterschrift Schwerbehindertenvertretung

Beteiligung der Schwerbehindertenvertretung gemäß § 167 Abs. 2 Satz 1 SGB IX (Prävention: Durchführung BEM)

85

Schwerbehindertenvertretung/Firma Ort, Datum
Vorname Name
Anschrift

An die
Geschäftsleitung
– im Haus –
Firma .....
Anschrift

Durchführung eines BEM nach der 6 Wochenfrist gemäß § 167 Abs. 2 Satz 1 SGB IX

Sehr geehrte Damen und Herren,

Gesundheit ist das höchste Gut der Mitarbeiter und des Unternehmens. Leider musste die SBV feststellen, dass das Präventionsverfahren nach § 167 Abs. 2 SGB IX, Betriebliches Eingliederungsmanagement (BEM) nicht fristgerecht durchgeführt wurde.
Gemäß § 167 Abs. 2 SGB IX möchte ich darauf hinweisen das bei Frau/Herrn ..... die 6-Wochenfrist seit dem *Datum* verstrichen ist.
Ich nehmen hier mein Initiativrecht als SBV wahr und fordere Sie hiermit auf, das BEM ordnungsgemäß
(gemäß unserer BV – BEM)
oder
(gemäß den gesetzlichen Anforderungen)
und unverzüglich zu beginnen.
Ungeachtet der sicherlich vermeidbaren rechtlichen Konsequenzen ist es für Sie bestimmt nachvollziehbar, dass die Schwerbehindertenvertretung nur auf Basis einer vollständigen und rechtzeitigen Information ihre Mitwirkungsrechte bezüglich der vorgesehenen Maßnahmen und ihrer Auswirkungen auf die betroffenen schwerbehinderten und gleichgestellten Beschäftigten wahrnehmen kann.

Mit freundlichen Grüßen
Schwerbehindertenvertretung

____

Unterschrift Schwerbehindertenvertretung

Beteiligung der Schwerbehindertenvertretung gemäß § 178 Abs. 4 Satz 1 SGB IX (Sitzungen des Arbeitsschutzausschusses)

86

Schwerbehindertenvertretung/Firma Ort, Datum
Vorname Name
Anschrift

An die
Geschäftsleitung
– im Haus –
Firma .....
Anschrift

Beteiligung der Schwerbehindertenvertretung nach dem SGB IX
§ 178 Abs. 4 Satz 1 SGB IX

Sehr geehrte Damen und Herren,

in meiner Eigenschaft als Vertrauensperson des Unternehmens ist es besonders wichtig, die Anliegen des Arbeitsschutzes und der Unfallverhütung der von mir vertretenen schwerbehinderten und gleichgestellten Kolleginnen und Kollegen im Arbeitsschutzausschuss/bei den Arbeitssicherheitsbegehungen zu vertreten und dafür zu sorgen, dass bei den Beratungen des Arbeitsschutzausschusses deren Interessen mit berücksichtigt werden.
Gerade als Vertrauensperson habe ich besondere Kenntnisse und Informationen hinsichtlich der Anforderungen, Maßnahmen des Arbeitsschutzes und der Unfallverhütung (Inkludierte Gefährdungsbeurteilung/Rettungs- und Fluchtwege).
Mehrfach hatte ich Sie bereits mündlich/schriftlich am ..... / Anschreiben vom ..... auf mein Teilnahmerecht an den Ausschusssitzungen hingewiesen. Gleichwohl wurde dieses nicht beachtet. Ich fordere Sie hiermit nun letztmalig auf, mich bis zum *Datum* zukünftig zu allen Sitzungen des Arbeitsschutzausschusses unter Zusendung der Tagesordnung/Unterlagen einzuladen.
Im anderen Falle sehe ich mich gezwungen, mein Recht auf Beteiligung im arbeitsgerichtlichen Beschlussverfahren (§ 2a Abs. 1 Nr. 3a ArbGG) feststellen zu lassen.
Ungeachtet der sicherlich vermeidbaren rechtlichen Konsequenzen ist es für Sie bestimmt nachvollziehbar, dass die Schwerbehindertenvertretung nur aufgrund einer vollständigen und rechtzeitigen Information ihre Mitwirkungsrechte bezüglich der vorgesehenen Maßnahmen und ihrer Auswir-

kungen auf die betroffenen schwerbehinderten bzw. diesen gleichgestellten Beschäftigten wahrnehmen kann.

Mit freundlichen Grüßen
Schwerbehindertenvertretung

____
Unterschrift Schwerbehindertenvertretung

Unterrichtungsanspruch bei interner/externer Stellenbesetzung gemäß § 164 Abs. 1 Satz 1 SGB IX

87

Schwerbehindertenvertretung/Firma Ort, Datum
Vorname Name
Anschrift

An die
Geschäftsleitung
– im Haus –
Firma .....
Anschrift

Beteiligung der Schwerbehindertenvertretung nach dem SGB IX
§ 164 Abs. 1 Satz 1 SGB IX – Unterrichtungs- und Anhörungsanspruch
§ 178 Abs. 2 Satz 1 SGB IX – Aufgaben der Schwerbehindertenvertretung

Sehr geehrte Damen und Herren,

in meiner Eigenschaft als Vertrauensperson des Unternehmens ist es besonders wichtig, das Schwerbehindertenrecht (SGB IX Teil 3) bei uns im Unternehmen umzusetzen. Daher bitte ich Sie, mich in allen Angelegenheiten zu unterrichten und vor Ihrer Entscheidung anzuhören. Gerade bei Einstellung einer Beschäftigten/eines Beschäftigten brauchen Menschen mit Behinderungen zum Erlangen eines Arbeitsplatzes Chancengleichheit. Auch im Hinblick auf unsere Werte und Compliance auf unserer Internetseite.
Mehrfach hatte ich Sie bereits mündlich/schriftlich
Mündlich im Monatsgespräch am .....
Schriftlich im 1. Anschreiben vom .....
auf das Fehlen der Beteiligung hingewiesen.
Da Sie ihr Verhalten nicht ändern, sehe ich mich gezwungen mein Recht auf Beteiligung im arbeitsgerichtlichen Beschlussverfahren feststellen zu lassen (§ 2a Abs. 1 Nr. 3a ArbGG) und werde dazu anwaltliche Beratung in Anspruch nehmen. Diese Kosten haben Sie als Unternehmen gem. § 179 Abs. 8 SGB IX zu tragen.
Ungeachtet der sicherlich vermeidbaren rechtlichen Konsequenzen ist es für Sie bestimmt nachvollziehbar, dass die Schwerbehindertenvertretung nur aufgrund einer vollständigen und rechtzeitigen Information ihre Mitwirkungsrechte bezüglich der vorgesehenen Maßnahmen und ihrer Auswir-

kungen auf die betroffenen schwerbehinderten bzw. diesen gleichgestellten Beschäftigten wahrnehmen kann.

Mit freundlichen Grüßen
Schwerbehindertenvertretung

____
Unterschrift Schwerbehindertenvertretung

Unterrichtungsanspruch bei interner/externer Stellenbesetzung gemäß § 164 Abs. 1 Satz 1 SGB IX (Erinnerung)

88

Schwerbehindertenvertretung/Firma Ort, Datum
Vorname Name
Anschrift

An die
Geschäftsleitung
– im Haus –

Erinnerung Beteiligung der Schwerbehindertenvertretung nach dem SGB IX, § 164 Abs. 1 Satz 1 SGB IX – Unterrichtungs- und Anhörungsanspruch

Sehr geehrte Damen und Herren,

in meiner Eigenschaft als Vertrauensperson des Unternehmens ist es besonders wichtig, das Schwerbehindertenrecht (SGB IX Teil 3) bei uns im Unternehmen umzusetzen. Daher bitte ich Sie, mich in allen Angelegenheiten zu unterrichten und vor Ihrer Entscheidung anzuhören. Gerade bei Einstellung einer Beschäftigten/eines Beschäftigten brauchen Menschen mit Behinderungen zum Erlangen eines Arbeitsplatzes Chancengleichheit, gerade im Hinblick auf unsere Werte und Compliance auf unserer Internetseite.
Wir haben das Vorgehen mündlich im Monatsgespräch am *Datum* besprochen.
Ich möchte Sie bitten, der Personalleitung die entsprechenden Anweisungen zu geben.
Ungeachtet der sicherlich vermeidbaren rechtlichen Konsequenzen ist es für Sie bestimmt nachvollziehbar, dass die Schwerbehindertenvertretung nur aufgrund einer vollständigen und rechtzeitigen Information ihre Mitwirkungsrechte bezüglich der vorgesehenen Maßnahmen und ihrer Auswirkungen auf die betroffenen schwerbehinderten bzw. diesen gleichgestellten Beschäftigten wahrnehmen kann.

Mit freundlichen Grüßen
Schwerbehindertenvertretung

____

Unterschrift Schwerbehindertenvertretung

Beteiligung der Schwerbehindertenvertretung gemäß § 178 Abs. 2 SGB IX

89

Schwerbehindertenvertretung/Firma — Ort, Datum
Vorname Name
Anschrift

An die
Geschäftsleitung
– im Haus –
Firma .....
Anschrift

Beteiligung der Schwerbehindertenvertretung nach § 178 Abs. 2 SGB IX

Sehr geehrte Damen und Herren,

anlässlich der bestehenden und aktuellen Krise werden auf Arbeitgeberseite gerade viele Maßnahmen geplant und Entscheidungen getroffen, die auch die schwerbehinderten und diesen gleichgestellten Kolleginnen und Kollegen betreffen. Bislang ist die Schwerbehindertenvertretung insoweit nicht bzw. nicht ausreichend/ordnungsgemäß einbezogen worden.
Aufzählung von durchgeführten Maßnahmen ohne SBV:
Am *Datum* haben Sie *Beschreibung der unter Verletzung der Beteiligungsrechte der SBV geplanten/durchgeführten Maßnahme*. Dies ist ohne die gesetzlich zwingende Beteiligung der Schwerbehindertenvertretung erfolgt.
Mit diesem Schreiben möchte ich Sie auf die gesetzlichen Beteiligungsrechte der Schwerbehindertenvertretung hinweisen und Sie dazu bewegen, diese ab jetzt einzuhalten:
§ 182 Abs. 1 SGB IX:
»Arbeitgeber, Inklusionsbeauftragter des Arbeitgebers, Schwerbehindertenvertretung und Betriebs-, Personal-, Richter-, Staatsanwalts- oder Präsidialrat arbeiten zur Teilhabe schwerbehinderter Menschen im Arbeitsleben in dem Betrieb oder der Dienststelle ***eng zusammen …***«
§ 178 Abs. 2 SGB IX:
»Der Arbeitgeber hat die Schwerbehindertenvertretung in allen Angelegenheiten, die einen einzelnen oder die schwerbehinderten Menschen als Gruppe berühren, unverzüglich und umfassend zu unterrichten und vor einer Entscheidung anzuhören; er hat ihr die getroffene Entscheidung unverzüglich mitzuteilen.«

Um Ihnen die Einschätzung zu erleichtern, wann zwingend eine Beteiligung der Schwerbehindertenvertretung zu erfolgen hat, möchte ich Sie auf Folgendes hinweisen:
Die Unterrichtungspflicht nach § 178 Abs. 2 SGB IX ist weit zu verstehen und begründet eine **informationelle Allzuständigkeit der Schwerbehindertenvertretung**. Auch wenn aus Ihrer Sicht möglicherweise zunächst eine besondere Betroffenheit schwerbehinderter Mitarbeiter nicht ersichtlich ist, ist die Schwerbehindertenvertretung gleichwohl einzubeziehen, da auch bei solchen Angelegenheiten, die auf den ersten Blick ohne Differenzierung nach dem Merkmal Behinderung die Beschäftigten betreffen, nicht ausgeschlossen werden kann, dass ein über die Mitbetroffenheit als Belegschaftsangehöriger hinausgehendes **besonderes Schutzbedürfnis** vorliegt oder sich eine Arbeitgebermaßnahme auf das Beschäftigungsverhältnis schwerbehinderter Menschen **besonders auswirken kann,** ohne dass die Auswirkung zwingend eintreten muss (Dau/Düwell/Joussen/Luik, 6. Auflage, § 178 Rn. 38 ff., sowie Art, Umfang und Zeitpunkt der Unterrichtung, § 178 SGB IX Rn. 48 ff.).
Ungeachtet der sicherlich vermeidbaren rechtlichen Konsequenzen ist es für Sie bestimmt nachvollziehbar, dass die Schwerbehindertenvertretung nur auf Basis einer vollständigen und rechtzeitigen Information ihre Mitwirkungsrechte vor der vorgesehenen Maßnahmen und ihrer Auswirkungen auf die betroffenen schwerbehinderten bzw. diesen gleichgestellten Beschäftigten wahrnehmen kann.

Mit freundlichen Grüßen
Schwerbehindertenvertretung

____

Unterschrift Schwerbehindertenvertretung

Meldung an die Arbeitsagentur gemäß § 163 Abs. 2 Satz 3 SGB IX

90

Schwerbehindertenvertretung/Firma Ort, Datum
Vorname Name
Anschrift

An die
Geschäftsleitung
– im Haus –
Firma .....
Anschrift

Meldung an die Arbeitsagentur gemäß § 163 Abs. 2 Satz 3 SGB IX

Sehr geehrte Damen und Herren,

wie Sie sicher wissen, haben Sie einmal im Jahr für das vorangegangene Kalenderjahr eine Meldung im Sinne des § 163 Abs. 2 SGB IX an die Arbeitsagentur zum 31. März des Jahres zu erbringen.
Sie haben der Schwerbehindertenvertretung und dem Betriebsrat jeweils eine Kopie der Anzeige des Verzeichnisses auszuhändigen.
Wir bitten Sie, uns die Durchschrift, noch bevor die Meldung an die Arbeitsagentur verschickt wird, zukommen zu lassen, damit wir unseren Auftrag aus dem Schwerbehinderten- bzw. Betriebsverfassungsgesetz § 178 Abs. 1 SGB IX und § 80 Abs. 1 BetrVG erfüllen können.
Des Weiteren ist uns bis zum jetzigen Zeitpunkt der Beauftragte unseres Arbeitgebers nach § 181 SGB IX, der darauf zu achten hat, dass der Arbeitgeber seine Verpflichtungen aus dem Gesetz erfüllt, nicht bekannt. Bitte teilen Sie uns diesen Ansprechpartner/diese Ansprechpartnerin mit.

Mit freundlichen Grüßen
Schwerbehindertenvertretung

____

Unterschrift Schwerbehindertenvertretung

Checkliste zu Personellen Einzelmaßnahmen und Praxistipp

§ 99 BetrVG Personelle Einzelmaßnahme (Einstellung/ Versetzung) und die damit verbundene Prüfungspflicht nach § 164 Abs. 1 SGB IX/ § 185a Einheitliche Ansprechstelle/BA (Reha Team) für den Arbeitsplatz:

1. Ist der freie Arbeitsplatz für eine/einen beschäftigten Schwerbehinderten/ Gleichgestellte im Betrieb/Unternehmen geeignet?

Ja: ______________________________

Nein, weil: ______________________________ (siehe Anlage)

2. Der Personalbearbeiter,

Name: ______________________________

hat bei dem Vermittler der zuständigen Arbeitsagentur

Name: ______________________________

Tel: ______________________________

Datum: ______________________________

schriftlich: ______________ (siehe Anlage)

mündlich: ______________

nachgefragt.

3. Es sind Bewerbungen von Schwerbehinderten/Gleichgestellten eingegangen

Ja, Anzahl: ______________

Nein: ______________

4. Wurde ein(e) schwerbehinderter/gleichgestellter Bewerber(in) ausgewählt?

Ja, ______________________________

Nein, Begründung: ______________________________ (siehe Anlage)

Schwerbehindertenvertretung informiert am: ______________

Stellungnahme der Schwerbehindertenvertretung erhalten am: __________

Weitergeleitet an den Betriebsrat

am: ______________________________

Personalbetreuer: ______________________________

Anlagen

> **Praxistipp zu § 164 Abs. 1 SGB IX:**
> Es sollte ein E-Mail-Verteiler mit der Personalabteilung abgesprochen werden, sodass die Stellenausschreibung gleichzeitig an den Betriebsrat/Personalrat, Schwerbehindertenvertretung, Agentur für Arbeit (Reha-Team), Integrationsfachdienst und der Einheitlichen Ansprechstelle für Arbeitgeber (EAA) geht. 91
> Mit einer E-Mail sind somit alle gesetzlichen Vorgaben erfüllt.
> Bei jeder personellen Maßnahme sollte sich die SBV mit dem Betriebsrat/Personalrat beraten, ob die Stelle mit einem schwerbehinderten Menschen gegenenfalls

aus dem Betrieb besetzt werden kann. Jede freiwerdende Stelle, auch intern ausgeschrieben (§ 93 BetrVG), ist zu melden (Düwell, Praxiskommentar SGB IX, § 164 Rn. 139). Hier muss die Interessenvertretung (Betriebsrat/Personalrat/SBV) regelmäßig die Belegschaft informieren, um die Akzeptanz zu sichern.

X. Angelegenheiten der Schwerbehindertenvertretung

Neben dem Tagesgeschäft einer jeden Schwerbehindertenvertretung, treten zwei »Events« besonders hervor: die Versammlung der schwerbehinderten Menschen sowie die Wahl der Schwerbehindertenvertretung. Hier wird die Tätigkeit der Schwerbehindertenvertretung im Betrieb sichtbar und spürbar. Aus diesem Grund legen viele Schwerbehindertenvertretungen großen Wert auf eine gute Vorbereitung, einen reibungslosen Ablauf und eine ansprechende Repräsentation.

Die Wahl der Schwerbehindertenvertretung findet in Betrieben mit mindestens fünf schwerbehinderten oder gleichgestellten längerfristig Beschäftigten turnusmäßig alle vier Jahre in der Zeit vom 1. 10. bis 30. 11. statt (2026, 2030 etc.). In gesonderten Wahlgängen wird die Vertrauensperson sowie mindestens eine Stellvertretung gewählt. Die Wahl wird vom Betriebsrat unterstützt (§ 176 SGB IX). Auch die Gewerkschaften und Inklusionsämter unterstützen vielfach mit Materialien, Seminaren und Ratschlägen für die Praxis.

Außerhalb dieses Zeitraums kann in besonderen Fällen auch gewählt werden, wenn z. B. eine Schwerbehindertenvertretung erstmalig gewählt wird oder wegen Rücktritt oder Ausscheiden keine Schwerbehindertenvertretung mehr vorhanden ist.

Wählen dürfen alle schwerbehinderten und gleichgestellten Beschäftigten des Betriebs unabhängig vom Alter, der Betriebszugehörigkeit oder der Beschäftigungsart (also z. B. auch Auszubildende, Beschäftigte in Leiharbeit, Elternzeit oder mit Befristung sowie geringfügig Beschäftigte und leitende Angestellte). Kandidieren können Behinderte und nicht behinderte Arbeitnehmer*innen des Betriebs, die das 18. Lebensjahr vollendet haben und länger als sechs Monate im Betrieb beschäftigt sind (leitende Angestellte können nicht gewählt werden).

Mit der letzten Reform des SGB IX kommt das vereinfachte Wahlverfahren in Betrieben oder Dienststellen mit bis zu 50 Beschäftigten zur Anwendung und wenn die Betriebsteile räumlich nah beieinander liegen (§ 177 Abs. 6 Satz 3 SGB IX i. V. m. § 18 SchwbVWO). Dabei wird die Wahl auf einer Wahlversammlung in Präsenz oder digital durchgeführt bzw. bei einer digitalen Wahlversammlung in einer nachgelagerten Briefwahl (§ 11 SchwbVWO). Sind in einem Betrieb

50 oder mehr Wahlberechtigte beschäftigt, oder liegen die Arbeitsstätten weit auseinander muss das förmliche Wahlverfahren angewendet werden. In dem Fall gibt es ein Wahldatum mit einer persönlichen Wahl im Wahllokal sowie die Möglichkeit einer Briefwahl.
Eine hohe Wahlbeteiligung und ein gutes Wahlergebnis sind der Vertrauensperson zum einen Dank für eine gute zurückliegende Arbeit, zum anderen ein Vertrauensvorschuss und ein wichtiges Signal an die Arbeitgeberseite. Daher sollten die Kandidat*innen mit Aushängen, Newslettern, Plakaten oder Flyern auf die Schwerbehindertenwahlen aufmerksam machen.
Damit Schwerbehinderte und Gleichgestellte im Betrieb zu aktuellen Themen und die Tätigkeit der Vertrauensperson informiert werden, kann die Schwerbehindertenvertretung mindestens einmal im Jahr während der Arbeitszeit zu einer Versammlung einladen (§ 178 Abs. 6 Satz 1 SGB IX).
Für die Versammlung der schwerbehinderten Menschen gelten weiterhin die Paragrafen zur Betriebsversammlung aus dem Betriebsverfassungsgesetz (§§ 42–46 BetrVG), sowie aus dem Bundespersonalvertretungsgesetz (§§ 57–61 BPersVG). In der Versammlung der schwerbehinderten Menschen können u. a. umweltpolitische, wirtschaftliche, tarifvertragliche sowie soziale Themen erörtert werden (§ 45 BetrVG). Dabei müssen in jedem Fall persönliche Angelegenheiten der Beschäftigten oder aus der Beratung vertraulich blieben. Teilnahmeberechtigte können die Versammlung nutzen, um Anträge zu stellen. Der Arbeitgeber (oder der Inklusionsbeauftragte) muss einmal im Jahr erscheinen und zum Stand der Inklusion im Betrieb berichten (§ 43 Abs. 2 BetrVG).
Darüber hinaus können weitere Gäste für Kurz-Vorträge zur Versammlung einladen werden. So nehmen an den Versammlungen oft Betriebsräte, die Gesamt- oder Konzernschwerbehindertenvertretung, das Inklusionsamt, eine Vertretung der Krankenkasse, der Rentenversicherung oder des Integrationsfachdienstes teil und stehen den Teilnehmer*innen nach der Versammlung häufig noch in einem persönlichen Gespräch zur Verfügung. Solche Kontakte können bei Antragsverfahren oder Auseinandersetzungen sehr hilfreich sein.
Die Vertrauensperson lädt die Teilnehmer*innen und Gäste rechtzeitig unter Mitteilung der Tagesordnung ein. Dabei sollte auch an die schwerbehinderten und gleichgestellten Beschäftigten gedacht werden, die (z. B. wegen Homeoffice, Krankheit oder Elternzeit) nicht im Haus sind.
Die Vertrauensperson der schwerbehinderten Menschen eröffnet, leitet und schließt die Versammlung. Sie erteilt den Redenden das Wort und führt durch die Aussprache. Schwerpunkt der Versammlung ist der Tätigkeitsbericht der Vertrauensperson (siehe auch Kapitel XI. – »Öffentlichkeitsarbeit«). Der Bericht sollte aktuell, interessant und lebhaft sein. Es gibt keine Formvorschriften zu beachten, sodass in der Versammlung auch themenbezogene Plakate, Bilder, Videos oder Grafiken gezeigt werden können. Auch eine kleine anonyme Meinungs-

umfrage, ein vorab eingerichteter (elektronischer) Briefkasten für schriftliche Anfragen oder eine kleine Aktion in der Versammlung beleben den Bericht.
Die Versammlung muss für alle Teilnehmer*innen möglich (z. B. auf Schichtarbeit, mobiles Arbeiten, Urlaub oder Feiertage achten) und natürlich barrierefrei sein. Der Arbeitgeber muss dafür die geeignete Infrastruktur (z. B. Räumlichkeiten, Technik, Unterlagen aber auch Gebärdendolmetscher) zur Verfügung stellen. Eine digitale Versammlung der Schwerbehindertenvertretung ist, wie die Betriebsversammlung, nicht möglich. So ist es unzulässig, teilnahmeberechtigten Beschäftigten einen Einwahllink für eine Videokonferenz zu senden, um ihnen eine digitale oder hybride Teilnahme zu ermöglichen. Eine solche Versammlung würde gegen den Grundsatz der Nichtöffentlichkeit verstoßen (§ 42 Abs. 1 BetrVG).

Bekanntmachung zur Bestellung des Wahlvorstandes im förmlichen Wahlverfahren

92

Ort, Datum

Wahl der Schwerbehindertenvertretung
Unternehmen – Standort Ort –
am .....

Bekanntmachung zur Bestellung des Wahlvorstandes im förmlichen Wahlverfahren

Gemäß § 1 Absatz 1 Wahlordnung Schwerbehindertengesetz bestelle ich, ... (Name Vertrauensperson der schwerbehinderten Menschen), nachfolgend aufgeführte Kolleginnen und Kollegen als Wahlvorstand:

Name	**Betriebsrat**

zu seinem/ihrem Stellvertreter:

Name	**Betriebsrat**

und zu weiteren Mitgliedern des Wahlvorstandes:

Name	.....
Name	.....
Name	.....
Name	.....
Name	.....
Name	.....
Name	.....

Das Büro des Wahlvorstandes befindet sich beim Betriebsrat, Gebäude ....., EG und ist **ab ....., täglich** von ..... Uhr bis ..... Uhr geöffnet.

Betriebsadresse Wahlvorstand:

Wahlvorstand zur Wahl der Schwerbehindertenvertretung im Jahr .....
Unternehmen
BR-Standort .....
PLZ Ort
E-Mail: Schwerbehindertenwahl@FirmaXY.de

Vertrauensperson der schwerbehinderten Menschen

Vorname Name

93

Mitteilung über Wahlergebnis

Schwerbehindertenvertretung/Firma Ort, Datum
Vorname Name
Anschrift

Name des Amtes, Gewerkschaft
Anschrift

Mitteilung über Wahlergebnis

Sehr geehrte Damen und Herren,
Liebe Kolleginnen und Kollegen,

die am ..... durchgeführte Wahl der Schwerbehindertenvertretung der Firma ..... ist abgeschlossen. Als Vertrauensperson der schwerbehinderten Menschen wurde ich mit ..... von ..... Stimmen bestätigt. Das entspricht ..... %.
Als stellvertretende Mitglieder der Schwerbehindertenvertretung wurden gewählt:
..... als 1. stellvertretendes Mitglied mit ..... Stimmen.
..... als 2. stellvertretendes Mitglied mit ..... Stimmen.
Bitte nehmen Sie mich und meine Stellvertreter in Ihre Verteilerliste auf.
Die Adresse der neugewählten Kolleg*innen lautet:
Name, Firma, Adresse
Name, Firma, Adresse

Mit freundlichen Grüßen
Schwerbehindertenvertretung

____

Unterschrift Schwerbehindertenvertretung

Teilnehmerliste der Schwerbehindertenversammlung

94

Schwerbehindertenversammlung am .....

Nr.	Name	Vorname	Abteilung	Unterschrift
1				
2				
3				
4				
5				
6				
7				
8				
9				
10				
11				
12				
13				
14				
15				
16				
17				
18				
19				
20				
21				
22				
23				
24				
25				

Einladung zur Schwerbehindertenversammlung (Variante 1)

95

Einladung zur Schwerbehindertenversammlung

Liebe Kolleginnen und Kollegen,

zu unserer diesjährigen Schwerbehindertenversammlung am

Wochentag, Datum, um ..... Uhr,
Ort, Gebäude, Stock, Raum,

lade ich Euch ein.

Beispiel für eine **TAGESORDNUNG:**

1.	Begrüßung und Eröffnung	Stellv. Vertrauensperson
2.	Aussprache	
3.	Bericht der Schwerbehindertenvertretung	Vertrauensperson
4.	Bericht des Betriebsrats	BR-Vorsitzende/r
5.	Bericht des Arbeitgebers	Beauftragte/r AG
6.	»Rente heute«	Versichertenälteste/r
7.	»Thema«	Referent/in
8.	Verschiedenes	

Ich freue mich auf Eure Teilnahme.

Mit freundlichen Grüßen
Schwerbehindertenvertrauensperson

Aushang bis .....

Einladung zur Schwerbehindertenversammlung (Variante 2)

96

Einladung zur Schwerbehindertenversammlung

Liebe Kolleginnen, liebe Kollegen,

wir freuen uns, Sie/Dich

am *Tag, Datum*, um ..... Uhr und ..... Uhr
im *Ort in der Kantine* (Gebäude .....)

bei unserer Schwerbehindertenversammlung begrüßen zu dürfen.

Unsere **Tagesordnungspunkte** sind:

• Eröffnung und Begrüßung	*Name*	1. stell. SBV
• Tätigkeitsbericht der SBV	*Name*	SBV
• Thema	*Name*	Arbeitgeberbeauftragte/r für SB
• Informationen aus dem Werk	*Name*	BR-Vorsitzende/r
• Aktuelles aus gewerkschaftlicher Sicht	*Name*	
• Verschiedenes und Diskussion		

Die Teilnahme an der Schwerbehindertenversammlung ist Arbeitszeit. Alle »Gleichgestellten und schwerbehinderten Kolleg*innen der Firma .....« haben einen Rechtsanspruch auf die Teilnahme an der Schwerbehindertenversammlung. Wer außerhalb seiner Arbeitszeit an der Schwerbehindertenversammlung teilnimmt (Teilzeitbeschäftigte, Nachtschicht usw.), bekommt diese Zeit gutgeschrieben.

Für unsere gehörlosen Kolleg*innen sind **Gebärdendolmetscher*innen** anwesend.

Es wird ein **Bustransfer** für unsere Kolleg*innen, die aus den Werksteilen ..... und ..... kommen, bereitgestellt. Der Bus fährt im Werksteil ..... an der Bushaltestelle gegen ..... Uhr in Richtung ..... ab. Gegen ..... Uhr werden die Kolleg:innen vor dem ..... abgeholt. Der Busfahrer wird euch vor dem Eingangsbereich Gebäude ..... aussteigen lassen. Nach Ende der Versammlung werdet ihr mit dem Bus wieder zurückgebracht.

Wir freuen uns auf euch.

Mit freundlichen Grüßen
eure Schwerbehindertenvertretung

____
Unterschrift Schwerbehindertenvertretung

Aushang bis .....

Einladung zur Schwerbehindertenversammlung (Variante 3)

97

Schwerbehindertenvertretung

Firma .....

Ort, Datum
Aushang bis .....

Einladung

Liebe Kolleginnen und Kollegen,

zu unserer diesjährigen **Schwerbehindertenversammlung** am

Wochentag, Datum, Uhrzeit, Ort

sind alle **schwerbehinderten** und **gleichgestellten Kolleginnen und Kollegen** eingeladen.

Tagesordnung

1.	Tätigkeitsbericht der Schwerbehindertenvertretung	*Name*
2.	Aktuelles aus der Gesamtschwerbehindertenvertretung	*Name*
3.	Bericht des Betriebsrates	*Name*
4.	Bericht der Arbeitgeberbeauftragten	*Name*
5.	Gewerkschaft: Aktuelles, Sozialpolitisches	*Name*
6.	Berichte von Sozialberatung, Gesundheitsmanagement,	*Name*
7.	Integrationsamt, Rente …	
8.	Aussprache und Verschiedenes	

Mit freundlichen Grüßen

____

Vertrauensperson
der schwerbehinderten Menschen

98 **Einladung Referent*in zur Schwerbehindertenversammlung**

Schwerbehindertenvertretung/Firma Ort, Datum
Vorname Name
Anschrift

Vorname Name
Anschrift

Einladung zur Schwerbehindertenversammlung am .....

Sehr geehrte Frau ...../sehr geehrter Herr .....,

am ..... findet bei uns in ..... in der Zeit von ..... bis ..... die nächste Schwerbehindertenversammlung statt, auf der unter anderem das Thema ».....« behandelt/vorgestellt werden soll.
Gerne würden wir Sie als Referenten/Referentin dazu gewinnen. Wenn es für Sie zeitlich nicht möglich sein sollte, wären wir Ihnen dankbar, wenn Sie uns einen entsprechenden Referenten/eine entsprechende Referentin als Vertreter*in nennen könnten.
Für Ihre Bemühungen danken wir Ihnen im Voraus und verbleiben

mit freundlichen Grüßen
Schwerbehindertenvertretung

____
Unterschrift Schwerbehindertenvertretung

Bestätigungsschreiben an Referent*in zur Schwerbehindertenversammlung

99

Schwerbehindertenvertretung/Firma Ort, Datum
Vorname Name
Anschrift

Vorname Name
Anschrift

Unsere Schwerbehindertenversammlung am .....

Sehr geehrte Frau ...../sehr geehrter Herr .....,

vielen Dank für Ihre freundliche Zusage, dass Sie sich bereit erklärt haben, bei unserer Schwerbehindertenversammlung ein Referat zum Thema ..... (Dauer: 20–30 Minuten) zu halten. Anbei erhalten Sie unsere Tagesordnung.
Wir freuen uns auf Ihr Kommen und verbleiben bis dahin

mit freundlichen Grüßen
Schwerbehindertenvertrauensperson

____
Unterschrift Schwerbehindertenvertretung

100

Anfrage an Gebärdendolmetscher*in

Schwerbehindertenvertretung/Firma
Vorname Name
Anschrift

Ort, Datum

Vorname Name
Anschrift

Anfrage als Gebärdendolmetscher*in

Sehr geehrte Frau …../sehr geehrter Herr …..,

wir haben im Jahr ….. folgenden Termin, bei dem wir gebärdensprachliche Unterstützung benötigen:
Schwerbehindertenversammlung, am ….. von ….. Uhr bis ….. Uhr
Bitte senden Sie uns eine Bestätigung, ob Sie an dem genannten Termin teilnehmen können.
Bei eventuellen Fragen stehen wir Ihnen gerne unter der Telefonnummer ….. zur Verfügung.
Für Ihre Bemühungen danken wir Ihnen im Voraus.

Mit freundlichen Grüßen
Schwerbehindertenvertretung

____
Unterschrift Schwerbehindertenvertretung

Musterantrag zur Festlegung einer Vergleichsgruppe

101

Musterantrag zur Festlegung einer Vergleichsgruppe nach § 37 Abs. 4 BetrVG i.V.m. § 179 Abs. 3 SGB IX
Persönliche Angaben:

Name, Vorname ____________________________
geboren am ______________ Personalnummer: ________
ausgeübter Beruf / Berufsbezeichnung: ______________
Schwerbehindertenvertrauensperson seit dem ___________

Kompetenzen und Qualifikationen der Schwerbehindertenvertrauensperson:

Fachliche Kompetenzen:

____

Qualifikationen:

____

Herangezogene Vergleichspersonen / Vergleichsgruppe:

1. Name, Vorname: ___________ Abteilung: ___________
ausgeübter Beruf / Berufsbezeichnung: ______________
Fachliche Kompetenzen und Qualifikationen: __________
____

2. Name, Vorname: ___________ Abteilung: ___________
ausgeübter Beruf / Berufsbezeichnung: ______________
Fachliche Kompetenzen und Qualifikationen: __________
____

3. Name, Vorname: ___________ Abteilung: ___________
ausgeübter Beruf / Berufsbezeichnung: ______________
Fachliche Kompetenzen und Qualifikationen: __________
____

4. Name, Vorname: ___________ Abteilung: ___________
ausgeübter Beruf / Berufsbezeichnung: ______________
Fachliche Kompetenzen und Qualifikationen: __________
____

5. Name, Vorname: ___________ Abteilung: ___________
ausgeübter Beruf / Berufsbezeichnung: ______________
Fachliche Kompetenzen und Qualifikationen: __________
____

Angelegenheiten der Schwerbehindertenvertretung

Wurden Vorschläge der o.g. Schwerbehindertenvertrauensperson eingereicht:

Ja ❑ eingereicht am ____________ Nein ❑

Wurden die Vorschläge bei der Festlegung der Vergleichsgruppe berücksichtigt:

Ja ❑ Nein ❑ Teilweise ❑

Einvernehmliche Festlegung der Vergleichsgruppe liegt vor:

Ja ❑ festgelegt am: ____________ Nein ❑

Datum, Ort

Unterschrift: ____________________

Datum, Ort

Unterschrift: ____________________

____

Name, Vorname

(Schwerbehindertenvertretung)

____

Name, Vorname

(Arbeitgeber)

Antrag an Betriebsrat – Tagesordnungspunkt zu BR-Sitzung

102

Schwerbehindertenvertretung/Firma
Vorname Name
Anschrift

Ort, Datum

An die
Geschäftsleitung
– im Haus –
Firma .....
Anschrift

Tagesordnungspunkt ......

Liebe Kolleginnen und Kollegen,

die Schwerbehindertenvertretung beantragt die Aufnahme eines Tagesordnungspunktes ...... mit Beschlussfassung.
Wir halten diesen Beschluss für wichtig, um die Interessen schwerbehinderter Menschen und diesen Gleichgestellten zur Teilhabe am Arbeitsleben dauerhaft zu gewährleisten.

Mit freundlichen Grüßen
Schwerbehindertenvertretung

____
Unterschrift Schwerbehindertenvertretung

XI. Öffentlichkeitsarbeit

Die Tätigkeit der Schwerbehindertenvertretung findet zum größten Teil hinter verschlossenen Türen statt. Bei den Sitzungen mit dem Betriebsrat, den Beratungen mit dem Arbeitgeber oder vertraulichen Gesprächen mit Betroffenen bleibt die Öffentlichkeit zu Recht draußen, denn häufig werden sehr persönliche Angelegenheiten besprochen.

Doch damit die Institution der Schwerbehindertenvertretung, die Inklusion behinderter Menschen im Betrieb und die sich daraus ergebenden Maßnahmen die Akzeptanz der Belegschaft findet, sollte mit gezielter Öffentlichkeitsarbeit über die Aufgaben, Unterstützung und Tätigkeit der Schwerbehindertenvertretung informiert werden. Das schafft Transparenz und Vertrauen. Ein Mindestmaß an Information für den schwerbehinderten und gleichgestellten Teil der Belegschaft sieht das SGB IX mit der Versammlung der schwerbehinderten Menschen vor, in der die SBV über ihre Tätigkeit, Verhandlungen mit dem Arbeitgeber und Maßnahmen für die Betroffenen berichtet (siehe Kapitel X.).

Darüber hinaus gibt es zahlreiche weitere Möglichkeiten die Belange behinderter Menschen, die Arbeit der Schwerbehindertenvertretung und die Notwendigkeit von Inklusionsmaßnahmen in die Betriebsöffentlichkeit zu tragen – und darüber hinaus. Nicht selten wird dadurch (noch) nicht behinderten Menschen klar, wie schnell auch sie betroffen sein könnten. Oft senkt zudem eine gezielte Öffentlichkeitsarbeit bei bereits gesundheitlich belasteten Betriebsangehörigen die Hürde, sich ratsuchend an die SBV zu wenden.

Nicht zuletzt stärkt eine regelmäßige und breit angelegte betriebliche Kommunikation über Inklusion die Akzeptanz und das Selbstverständnis schwerbehinderter Menschen, was häufig dazu beiträgt, dass Betroffene sich zu einer Schwerbehinderung oder Gleichstellung bekennen und selbstbewusst damit umgehen.

Damit sind an eine wirkungsvolle Öffentlichkeitsarbeit unterschiedliche Anforderungen gestellt: sie muss barrierefrei, aktuell, ansprechend, verständlich und informativ sein. Sie richtet sich an unterschiedliche Adressaten, wie

- den Arbeitgeber und den Betriebsrat (um z. B. auf Themen aufmerksam zu machen und für Unterstützung zu werben),

- die nicht behinderte Belegschaft (um z. B. über Präventionsmaßnahmen und Inklusionsmaßnahmen zu informieren),
- die schwerbehinderten und gleichgestellten Menschen (um z. B. über die Unterstützung und erfolgreiche Tätigkeit der SBV zu informieren) sowie
- die gesellschaftliche Öffentlichkeit über den Betrieb hinaus (um z. B. Gesetzesvorhaben zu unterstützen oder die allgemeinen Belange behinderter Menschen in die öffentliche Diskussion einzubringen).

Auch die Kommunikationskanäle der Schwerbehindertenvertretung sind vielfältig. So kann jedes Gespräch, jeder Wortbeitrag in einer Betriebsratssitzung oder auf einer Betriebsversammlung zur Öffentlichkeitsarbeit genutzt werden. Es gibt im Betrieb zahlreiche Anlässe für persönliche Gespräche. So können Geburtstage, Jubiläen, Feiertage oder Versetzungen genutzt werden, um erst allgemein und dann ggf. themenbezogen ins Gespräch zu kommen. Insbesondere dieser persönliche Kontakt ist wichtig, um eine Vertrauensbasis zu bilden und zu pflegen.

Auch die klassischen analogen Informationsmöglichkeiten über betriebliche Schwarze Bretter oder die Herausgabe einer »SBV-Info« stehen in den meisten Betrieben zur Verfügung. In den letzten Jahren sind viele digitale Portale, wie z. B. Intranet, E-Mail-Newsletter oder soziale Netzwerke hinzugekommen.

Häufig können bereits vorhandene betriebliche Medien des Arbeitgebers (z. B. Betriebszeitung oder betriebliches soziales Netzwerk) oder des Betriebsrats (z. B. Intranetseite oder BR-Zeitung) mitgenutzt werden.

Öffentlichkeitsarbeit zählt – wie beim Betriebsrat – mit zur laufenden Geschäftsführung und gilt damit als erforderliche Tätigkeit der Schwerbehindertenvertretung. Diese rechtfertigt nicht nur in erforderlichem Umfang die Freistellung von den beruflichen Aufgaben, sondern auch den Besuch geeigneter Seminare.

Bei allen Veröffentlichungen der Schwerbehindertenvertretung ist besonders darauf zu achten, dass die persönlichen Angelegenheiten einzelner Beschäftigter sowie die Betriebs- und Geschäftsgeheimnisse vertraulich bleiben.

Möglichkeiten der Öffentlichkeitsarbeit für die SBV

103

Adressat	Form	Beispiele
Menschen mit Behinderung im Betrieb	persönlich	• Gespräche zu Anlässen • Begehung von Arbeitsplätzen • Angebot einer Sprechstunde • Versammlung der schwerbehinderten Menschen • Vorbereitung und Teilnahme an BEM-Gesprächen
	analog	• Herausgabe von Broschüren zu Schwerpunktthemen • Anschreiben per Post, Grußkarten • Telefonate
	digital	• (kollektive) Online-Sprechstunde • E-Mail-Newsletter • Freiwillige geschlossene Chatgruppe zu Informationszwecken
Betriebsöffentlichkeit und Arbeitgeber	persönlich	• Redebeitrag auf der Betriebsversammlung • Redebeitrag auf der JAV-Versammlung • Teilnahme an betrieblichen Gewerkschaftsversammlungen • Als SBV bekannt und erkennbar sein • Persönliches Gespräch
	analog	• Aushang am schwarzen Brett über Ansprechpartner und Erreichbarkeit • Auslegen von themenbezogenen Flyern • SBV-Info, Beteiligung an Betriebszeitung • Plakate
	digital	• Betriebliche Intranetseite • Informationen in betrieblichen Sozialen Medien • Videoclips • Podcasts

Adressat	Form	Beispiele
Allgemeine Öffentlichkeit	persönlich	• Kontakt zu Behörden, Institutionen, Gewerkschaften • Teilnahme an Veranstaltungen • Besuch von Seminaren
	analog	• Anträge, Anschreiben, Positionspapiere zu Gesetzesvorhaben, politischen Entscheidungen oder gesellschaftlichen Entwicklungen • Leserbriefe in Zeitungen und Zeitschriften
	digital	• Themenbezogene Informationen oder Kommentare in öffentlichen sozialen Medien • Eigene Homepage oder Facebookseite

104

Danksagung

Vorname Name
Anschrift

Ort, Datum

Vorname Name oder Firma
Anschrift

Danksagung

Liebe/Lieber .....,

das Jahr neigt sich dem Ende zu und gibt uns Anlass, einmal inne zu halten, um über Vergangenes und Zukünftiges, Erinnerungen und Erwartungen nachzudenken.
Verbunden mit diesen Gedanken bedanke ich mich für die vertrauensvolle Zusammenarbeit im vergangenen Jahr und wünsche Ihnen und Ihrer Familie ein besinnliches Weihnachtsfest und einen guten Start ins Jahr ......

Herzliche Grüße
Schwerbehindertenvertretung

____

Unterschrift Schwerbehindertenvertretung

Absage (am Beispiel Verabschiedung)

105

Vorname Name
Anschrift

Ort, Datum

Vorname Name
Anschrift

Ihre/Deine Einladung vom .....

Sehr geehrte/sehr geehrter ...../
Liebe/Lieber .....,

ich habe mich sehr über die Einladung zu Ihrer/Deiner Verabschiedung gefreut. Leider kann ich aus terminlichen Gründen nicht daran teilnehmen. Daher bedanke ich mich auf diesem Wege recht herzlich für die gute Zusammenarbeit und die Unterstützung in den letzten Jahren.
Für Ihren/Deinen neuen Lebensabschnitt wünsche ich Ihnen/Dir alles erdenklich Gute, vor allen Dingen Gesundheit, damit Sie/Du die neue »Freiheit« im Kreise Ihrer/Deiner Lieben noch sehr lange genießen können/kannst.

Herzliche Grüße/Mit freundlichen Grüßen
Schwerbehindertenvertretung

____

Unterschrift Schwerbehindertenvertretung

XII. Kündigung

Die Kündigung durch einen Arbeitgeber ist fast in jedem Fall für die betroffene Person ein weitreichender Einschnitt. Dabei geht es nicht nur um den Verlust des Arbeitsplatzes und zum Teil langjähriger sozialer Beziehungen im Kollegenkreis, sondern durchaus auch um die verlorene Auswahl zwischen vergleichbaren Beschäftigten oder die »Quittung« für die eigene Leistung oder arbeitsrechtliches Fehlverhalten. Finden sich hier schon ausreichend Gründe eine arbeitgeberseitige Kündigung als »Super-GAU« zu empfinden, werden Menschen mit einer Behinderung zusätzlich vor die besondere Herausforderung gestellt, bei einem anderen Arbeitgeber mit den vorhandenen gesundheitlichen Einschränkungen einen neuen Arbeitsplatz zu finden.
Aus diesen vorgenannten Gründen müssen Arbeitgeber bei einer Kündigung einige Vorschriften beachten, damit Beschäftigte vor willkürlichen und stimmungsabhängigen Kündigungen geschützt sind.
In einem Betrieb mit Betriebsrat ist der Arbeitgeber verpflichtet, vor jeder Kündigung die Interessenvertretung anzuhören und die Kündigungsgründe darzulegen (§ 102 BetrVG). Ist die Anhörung des Betriebsrats unvollständig oder fehlt sie gar völlig, ist die Kündigung unwirksam. Leider wird das bei einem Streitfall erst in einem nachfolgenden Kündigungsschutzverfahren vor dem Arbeitsgericht festgestellt – wenn diese Klage überhaupt eingereicht wurde. Hält der Betriebsrat die Kündigung für ungerechtfertigt, kann er anhand abschließend vorgegebener Gründe der Kündigung widersprechen. Der Arbeitgeber kann trotz eines Widerspruchs des Betriebsrats die Kündigung aussprechen. Erst in einem vom gekündigten Menschen eingeleiteten Kündigungsschutzverfahren vor dem Arbeitsgericht wird sich entweder einvernehmlich zwischen Arbeitgeber und Arbeitnehmer geeinigt (Vergleich) oder über die Rechtmäßigkeit der Kündigung entschieden.
Da es für Beschäftigte mit einer Schwerbehinderung oder einer Gleichstellung eine besondere Herausforderung darstellt, eine neue Arbeitsstelle zu finden, genießen sie einen besonderen Kündigungsschutz. So muss der Arbeitgeber in einem Betrieb mit einer Schwerbehindertenvertretung zusätzlich zum Betriebsrat in einem gesonderten Verfahren auch die Vertrauensperson anhören. Ist dies

unterblieben oder die Anhörung unvollständig, ist auch in diesem Fall die Kündigung unwirksam (§ 178 Abs. 2 SGB IX).
Zusätzlich ist der Arbeitgeber verpflichtet, vor dem Ausspruch der Kündigung das Inklusionsamt über die geplante Kündigung zu informieren und die Zustimmung zur Kündigung einzuholen. Damit sich das Inklusionsamt über die persönliche Situation der betroffenen Person, als auch über die betrieblichen Alternativen ein Bild machen kann, wird die zu kündigende Person, der Betriebsrat und die Schwerbehindertenvertretung um eine Stellungnahme gebeten. Sie können also mit ihren Hinweisen, Handlungsalternativen oder Erläuterungen zu unterlassenen Möglichkeiten oft maßgeblich Einfluss auf die Zustimmung oder Ablehnung einer beantragten Kündigung nehmen. Fehlen dem Inklusionsamt diese detaillierten Stellungnahmen, kann es meist nur auf der Grundlage der vorhandenen (arbeitgeberseitigen) Informationen entscheiden.
Dabei werden sich die darzulegenden Kündigungsgründe des Arbeitgebers stark unterscheiden. Bei einer betriebsbedingten Kündigung muss dargelegt werden, warum ein schwerbehinderter oder gleichgestellter Mensch trotz seines besonderen Kündigungsschutzes den Betrieb verlassen soll und was vorab unternommen bzw. geprüft wurde, um dies zu verhindern (z. B. Versetzung, Weiterbildung). Denn bei einer betriebsbedingten Kündigung muss eine soziale Auswahl unter vergleichbaren Beschäftigten erfolgen, um besonders schutzbedürftige Beschäftigte im Betrieb zu halten.
Anders wird ein Arbeitgeber dagegen bei einer verhaltensbedingten Kündigung argumentieren, warum ein Verstoß des Beschäftigten gegen seine Pflichten aus dem Arbeitsverhältnis so schwer wiegt, dass eine Weiterbeschäftigung (auch unter geänderten Bedingungen) nicht fortgesetzt werden kann. Üblicherweise wird dabei von einem Arbeitgeber verlangt, ein Fehlverhalten vorher abzumahnen. Erst bei schweren Verstößen wäre eine ordentliche Kündigung, bei sehr schweren Verstößen (z. B. Tätlichkeit, Diebstahl, Rassismus) sogar eine fristlose, außerordentliche Kündigung möglich. In einem solchen Fall ist es unerlässlich, dass der Betriebsrat und die Schwerbehindertenvertretung sich mit dem betroffenen Menschen in Verbindung setzt und sich seine Version des ganzen Vorgangs anhört. Schon daraus ergeben sich oft Anhaltspunkte für eine Stellungnahme beim Inklusionsamt.
Wieder ganz anders ist die Kündigungsbegründung des Arbeitgebers bei einer personen- oder krankheitsbedingten Kündigung. Hier wird der Arbeitgeber versuchen darzulegen, warum die zurückliegenden Ausfallzeiten zu einer unzumutbaren Belastung für den Betrieb geworden sind und auch in Zukunft nicht mit einer Besserung der Situation zu rechnen ist (eine sogenannte negative Zukunftsprognose). Von besonderer Bedeutung sind hier das jeweils für den Arbeitgeber gesetzlich vorgeschriebene Präventionsverfahren nach § 167 Abs. 1 SGB IX sowie das Betriebliche Eingliederungsmanagement (BEM) nach § 167 Abs. 2 SGB IX.

Die Schwerbehindertenvertretung sollte klären, ob dieses Gespräch vom Arbeitgeber angeboten wurde, ob der betroffene Mensch seine Teilnahme zugesagt hat und welche Maßnahmen vereinbart und durchgeführt wurden. Insbesondere sollte auch der betroffene Mensch selbst zur geplanten krankheitsbedingten Kündigung angehört werden. Es kann auch zweckmäßig sein, die Stellungnahmen zwischen Betroffenem, dem Betriebsrat und der Schwerbehindertenvertretung abzustimmen.
Unabhängig von den Hintergründen einer Kündigung, werden die betroffenen Menschen mit Behinderung sicher dankbar sein für jede Art der Unterstützung durch die Schwerbehindertenvertretung.

Gegendarstellung zu Abmahnung gegenüber dem Arbeitgeber

106

Vorname Name
Anschrift

Ort, Datum

Firma
Anschrift

Gegendarstellung gegen die Abmahnung vom .....

Sehr geehrte Damen und Herren,

in Ihrem Schreiben/Gespräch vom ..... haben Sie mir eine Abmahnung ausgesprochen.
Begründung: siehe Abmahnungsschreiben vom .....
Stellungnahme zu den Vorwürfen, Beweise nennen, ggf. Zeugen benennen .....
Die erhobenen Vorwürfe stimmen nicht, weil ...../Die erhobenen Vorwürfe sind unvollständig dargestellt, weil ...../Der Sachverhalt hat sich anders zugetragen, nämlich ...../Gründe für mein Verhalten waren .....
Dieser Abmahnung widerspreche ich ganz entschieden und bitte Sie, die Abmahnung aus den oben genannten Gründen zurückzunehmen und mich über die Rücknahme zu informieren.

Mit freundlichen Grüßen
Vorname Name

____
Unterschrift

Anlagen

107 **Stellungnahme an Integrationsamt (unterlassene Anhörung)**

Schwerbehindertenvertretung/Firma Ort, Datum
Vorname Name
Anschrift

Name des Amtes
Anschrift

Stellungnahme zum Kündigungsantrag betreffend Max M., geb. .....
Aktenzeichen: .....

Sehr geehrte Damen und Herren,

ich empfehle, den Antrag des Arbeitgebers zur Kündigung abzulehnen. Obwohl ich den Arbeitgeber bereits im ..... über den Schwerbehindertenantrag in Kenntnis gesetzt habe, ist mir der Kündigungsantrag das erste Mal bekannt geworden.
Aus meiner Sicht ist der Arbeitgeber hier in keiner Weise seinen Verpflichtungen aus dem SGB IX und unserer Inklusionsvereinbarung nachgekommen. Der Arbeitgeber hat keine präventiven Maßnahmen eingeleitet, obwohl ihm bekannt war, dass der Kollege unter mehreren Erkrankungen leidet. Erst als die hohen Fehlzeiten für den Betrieb nicht mehr tragbar waren, wurde man aktiv. Leider nur in Form eines Kündigungsantrages.
Hier sollte der Arbeitgeber als erstes an seine Verpflichtung aus dem SGB IX und unserer Inklusionsvereinbarung erinnert werden. Mit der Unterstützung des Werksarztes könnten wir Max M. an einem für ihn geeigneten Arbeitsplatz einsetzen, z. B. in der Halle ..... als ...... Somit gibt es zukünftig keinen Grund mehr, ihm zu kündigen.

Mit freundlichen Grüßen
Schwerbehindertenvertretung

____

Unterschrift Schwerbehindertenvertretung

Stellungnahme an Integrationsamt (Verschlimmerung)

108

Schwerbehindertenvertretung/Firma
Vorname Name
Anschrift

Ort, Datum

Name des Amtes
Anschrift

Stellungnahme zum Kündigungsantrag betreffend Erika M., geb. .....
Aktenzeichen: .....

Sehr geehrte Damen und Herren,

Frau Erika M. ist durch ihre Alkoholkrankheit oft nicht in der Lage, ihren arbeitsvertraglichen Pflichten nachzukommen. Leider muss ich die negative Prognose des Arbeitgebers teilen und sehe mittelfristig keine positive Veränderung. Der Meinung des Arbeitgebers, dass dieser Zustand eine Kündigung rechtfertigt, kann ich nicht zustimmen. In Gesprächen mit dem Arbeitgeber ging es auch darum, das Arbeitsverhältnis mit einem Aufhebungsvertrag zu beenden. Dieses lehnte Erika M. ab.
Nach Absprache mit Erika M. und ihrem behandelnden Arzt sollte eine Entgiftung mit anschließender Therapie durchgeführt werden. Die Entgiftung erfolgte, doch die Therapie trat Erika M. bis heute nicht an. Ohne eine erfolgreiche stationäre Entwöhnungstherapie sehe ich vor dem Hintergrund, dass schon zwei Therapien gescheitert sind, keine Chance, den Arbeitsplatz zu erhalten, da auch schon mehrere Abmahnungen wegen Alkohol am Arbeitsplatz erfolgten.
Aus meiner Sicht kann eine Kündigung nur dann vermieden werden, wenn die Kollegin kurzfristig eine Therapie antritt. Dem Arbeitgeber ist aus meiner Sicht eine weitere Therapie durchaus zumutbar.
Aus dem oben genannten Grund spreche ich mich gegen den Kündigungsantrag aus, wenn Erika M. eine Therapie antritt, da eine Kündigung ihren Gesundheitszustand aus meiner Sicht verschlimmern würde.

Mit freundlichen Grüßen
Schwerbehindertenvertretung

____
Unterschrift Schwerbehindertenvertretung

109

Stellungnahme an Integrationsamt (andere Einsatzmöglichkeiten)

Schwerbehindertenvertretung/Firma Ort, Datum
Vorname Name
Anschrift

Name des Amtes
Anschrift

Stellungnahme zum Kündigungsantrag betreffend Max M., geb. .....
Aktenzeichen: .....

Sehr geehrte Damen und Herren,

nachdem sich Max M. mit der Unterstützung des Integrationsamtes, des Personalbereichs, des Werksarztes, des Betriebsrates und der Schwerbehindertenvertretung auf einen Arbeitsversuch in der Abteilung ....., Heck-/Gummivormontage verständigt hatte, kamen bei mir sehr positive Rückmeldungen an. Ich konnte mich davon überzeugen, dass bis auf das Erreichen der Stückzahlen der Arbeitsplatz für den Kollegen geeignet ist.
An der Stelle möchte ich ausdrücklich sagen, dass aus meiner Sicht, seitens des Unternehmens und aller Beteiligten alles getan wurde, diesen Arbeitsversuch für Max M. so positiv wie möglich zu gestalten. Anfang des Jahres wurde mir vom Personalbereich mitgeteilt, dass Max M. die Tätigkeit gut ausführen könne, allerdings Probleme mit der Schichtarbeit hätte. Daraufhin wurde er an den Werksarzt/die Werksärztin Dr. ..... verwiesen, der aber laut Aussage des Personalbereichs keine Notwendigkeit einer Schichtveränderung aus gesundheitlichen Gründen sieht. Unterlagen oder Befunde, die mich zu einer anderen Beurteilung bewegen könnten, liegen mir nicht vor. Ich wäre sonst sofort aktiv geworden und hätte Gespräche mit dem Personalbereich und Dr. ..... geführt.
Vor dem Hintergrund, der mir vom Betriebsrat geschilderten Probleme von Max M., bin ich der Meinung, dass wir noch einen Arbeitsversuch außerhalb der Produktion durchführen sollten. Dies will ich auch gerne begründen: Es sollte unser aller Ziel sein, Max M. voll wertschöpfend einzusetzen. Dies ist aus meiner Sicht in der Produktion nicht möglich. Eine langfristige Beschäftigung unter den Bedingungen ist auch eher zweifelhaft, da spätestens beim nächsten Modellwechsel die Arbeit »Heck-/Gummivormontage« in der Form nicht mehr vorhanden sein wird. Bei einem Arbeitsversuch, z.B. in der Poststelle oder der Druckerei, wäre er aus meiner Sicht voll wertschöpfend und

auf Dauer leidensgerecht einsetzbar. Abschließend möchte ich nochmals betonen, dass es bei den Erkrankungen von Max M. immer wieder zu Veränderungen seines Gesundheitszustandes kommen kann, auf die wir uns im positiven Sinne einstellen sollten.

Mit freundlichen Grüßen
Schwerbehindertenvertretung

____

Unterschrift Schwerbehindertenvertretung

110

Stellungnahme an Integrationsamt (Verstöße durch den Arbeitgeber)

Schwerbehindertenvertretung/Firma   Ort, Datum
Vorname Name
Anschrift

Name des Amtes
Anschrift

Stellungnahme zum Kündigungsantrag betreffend Erika M., geb. .....
Aktenzeichen: .....

Sehr geehrte Damen und Herren,

ich widerspreche dem Kündigungsantrag und empfehle, den Antrag zur Kündigung abzulehnen.
Begründung:

1. Ich hatte die letzten Jahre mehrere Gespräche mit Erika M. und habe die Gewissheit, dass sie trotz ihrer Erkrankung alles tut, um Fehlzeiten zu vermeiden. Vom Arbeitgeber hat sie allerdings wenig Unterstützung erhalten, um auf einen leidensgerechten Arbeitsplatz zu kommen. Selbst aus den Ausführungen des Arbeitgebers über die Fehlzeiten ist ein positiver Verlauf zu ersehen und rechtfertigt zum jetzigen Zeitpunkt in keiner Weise die Kündigungsabsichten. Wie man zu der negativen Gesundheitsprognose kommt, ist mir ein Rätsel.
2. Die vom Arbeitgeber geschilderten und möglicherweise entstehenden Probleme können wir nicht nachvollziehen. Das einzige Anliegen des Arbeitgebers besteht wohl darin, Personal abzubauen, da wir zurzeit Personalüberhänge in der Abteilung ..... haben.
3. Zu der angeblichen Erklärung von Erika M., sie sei zum Zeitpunkt des Personalgesprächs am Datum weder schwerbehindert noch gleichgestellt gewesen, ist zu sagen, dass der bei dem Gespräch anwesende Betriebsrat diese Aussage bestreitet. Es ist aber auch klar, dass Erika M. zum Zeitpunkt des Personalgespräches noch nicht gleichgestellt war. Dies heißt aber nicht, dass der Arbeitgeber nichts von dem Antragsverfahren wusste. Der Arbeitgeber wurde am ..... vom Arbeitsamt bezüglich einer Stellungnahme zum Gleichstellungsantrag befragt. Die Kollegin ist nicht dafür verantwortlich, dass unser Arbeitgeber keine Stellungnahmen zu Gleichstellungsanträgen abgibt und die Eingänge der Anhörungsschreiben nicht

dokumentiert. Meine Stellungnahme zum Gleichstellungsantrag lege ich diesem Schreiben bei.

4. Der Arbeitgeber hat gegen alle Beteiligungspflichten und somit gegen die §§ 166, 167 und 178 SGB IX verstoßen, da wir nicht einmal bei Vorlage der Gleichstellung in irgendeiner Form beteiligt wurden.

Aus den oben genannten Gründen bleibt abschließend festzustellen, dass der Arbeitgeber, angefangen bei der Anhörung des Betriebsrats, in dem anliegenden Verfahren sehr fahrlässig, mangelhaft gearbeitet hat und gegen viele betriebliche Absprachen, Vereinbarungen (z. B. Inklusionsvereinbarung) und Gesetze verstoßen hat.
Ich denke, dass Sie dazu beitragen können, dass der Arbeitgeber die Beurlaubung aufhebt, den Kündigungsantrag zurückzieht und Erika M. in ..... leidensgerecht einsetzt.

Mit freundlichen Grüßen
Schwerbehindertenvertretung

____

Unterschrift Schwerbehindertenvertretung

Anlage: Stellungnahme an die Bundesagentur für Arbeit

Stellungnahme an Integrationsamt (außerordentliche Kündigung)

111 Schwerbehindertenvertretung/Firma Ort, Datum
Vorname Name
Anschrift

Name des Amtes
Anschrift

Stellungnahme zum Kündigungsantrag betreffend Max M., geb. .....
Aktenzeichen: .....

Sehr geehrte Damen und Herren,

ich empfehle, den Antrag zur Kündigung abzulehnen. Trotz dieses außerordentlich bedauerlichen Vorfalls vom ....., mit einer handgreiflichen Auseinandersetzung von Max M. gegen einen Kollegen, bin ich der Meinung, dass eine Weiterbeschäftigung zumutbar und auch möglich ist.

Begründung:

Der Vorfall am ..... wurde durch die Krankheit von Max M. verursacht. Er hatte die Einnahme seiner unbedingt nötigen Medikamente abgesetzt, weil er dauernd müde war und Taubheitsgefühle in den Armen hatte. Dadurch entstand bei ihm die Angst, dass er seine Arbeit nicht mehr schafft.

Nach einem Gespräch mit ..... vom Psychosozialen Fachdienst in ....., der/die Max M. betreut, besteht laut Aussage der/des behandelnden Arztes/Ärztin von Max M. keine Wiederholungsgefahr, wenn die Medikamente regelmäßig eingenommen werden. Ob die Einnahme korrekt erfolgt, kann durch einen wöchentlichen Test genau überprüft werden, alternativ kann das Medikament mit einer Spritze verabreicht werden. So ein Vorfall wie am ..... geschehen, kann nur passieren, wenn das Medikament auf längere Zeit abgesetzt wird. Max M. sollte diese wöchentliche Überprüfung regelmäßig vorlegen. Damit ist es durchaus möglich, dass er dann in einem anderen Bereich eingesetzt werden kann, ohne dass sich so ein Vorfall wiederholt. Im Gespräch mit der Personalabteilung am ..... haben Max M., Herr/Frau ..... vom Betriebsrat und ich diese Sachlage deutlich vorgetragen. Leider kann man im Protokoll von Max M. aus der Personalabteilung, welches jetzt der Kündigung beigelegt wurde, nicht ein Wort unserer Stellungnahme im Gespräch wiederfinden. Es ist schon sehr seltsam, dass gerade diese Stellungnahmen fehlen.

Das SGB IX sagt auch im § 174 Abs. 4 über eine außerordentliche Kündigung, dass das Integrationsamt ihr nur zustimmen soll, wenn der Grund der Kündigung nicht im Zusammenhang mit der Behinderung steht. Dieses ist hier jedoch eindeutig der Fall. Aus den vorher aufgeführten Gründen halte ich es daher für zumutbar und möglich, dass Max M. weiter im Unternehmen beschäftigt wird.

Mit freundlichen Grüßen
Schwerbehindertenvertretung

____

Unterschrift Schwerbehindertenvertretung

112

Stellungnahme an Integrationsamt (Fehlzeiten)

Schwerbehindertenvertretung/Firma
Vorname Name
Anschrift

Ort, Datum

Name des Amtes
Anschrift

Stellungnahme zum Kündigungsantrag betreffend Erika M., geb. .....
Aktenzeichen: .....

Sehr geehrte Damen und Herren,

ich empfehle, den Antrag zur Kündigung abzulehnen.

1. Schon die Begründung zur Kündigung ist aus meiner Sicht falsch. Es gibt sehr wohl eine positive Fehlzeitenentwicklung. Wenn man die Fehlzeiten betrachtet, haben sie sich seit ..... kontinuierlich verbessert. Die Fehlzeiten von ..... Tagen im Jahr ..... sind zwar für niemanden erfreulich, aber bei ihrer Erkrankung und den Belastungen hier im Betrieb nicht ungewöhnlich.
2. Bereits in den letzten Gesprächen im Jahr ..... haben wir gemeinsam festgestellt, dass es bei der Erkrankung von Erika M., die sich durch die Konfliktsituation mit ihrem Kollegen ..... verschlimmert hat, von Vorteil wäre, die Kollegen räumlich zu trennen. Bis heute hat sich diesbezüglich nichts verändert. Man hat sie, obwohl man genau von ihrer Erkrankung wusste, bewusst weiter dieser Arbeitssituation ausgesetzt und ihr nie den Druck genommen, dem sie dort ausgesetzt ist.
3. Um endlich eine ernste Prävention zu betreiben, ist unser Betrieb/Dienststelle aufgefordert, den Zustand unter Punkt 2 sofort zu korrigieren. Zusätzlich empfehle ich für Erika M. eine kurzfristige stationäre Therapie, um ihre Erkrankung weiter zu verbessern. Dabei könnte ihr unsere Sozialberatung behilflich sein.

Wenn wir dann zu dem Ergebnis kommen sollten, dass sich die Beschäftigung an dem jetzigen Arbeitsplatz für Erika M. langfristig schwierig gestalten lässt, bin ich der Meinung, dass bei der Qualifikation von Erika M. immer noch nicht alle Beschäftigungsmöglichkeiten ausgeschöpft wurden. Wenn es zu einer Entlassung kommen würde, wäre auf Dauer eine Beschäftigung auf dem Arbeitsmarkt ausgeschlossen. Die Beschäftigung von Erika M. ist einem Unternehmen wie ..... durchaus weiterhin zumutbar.

Mit freundlichen Grüßen
Schwerbehindertenvertretung

____

Unterschrift Schwerbehindertenvertretung

113

Stellungnahme an Integrationsamt (Verstoß gegen Inklusionsvereinbarung)

Schwerbehindertenvertretung/Firma Ort, Datum
Vorname Name
Anschrift

Name des Amtes
Anschrift

Stellungnahme zum Kündigungsantrag betreffend Max M., geb. .....
Aktenzeichen: .....

Sehr geehrte Damen und Herren,

ich empfehle, den Antrag zur Kündigung abzulehnen. Aus meiner Sicht ist der Arbeitgeber hier in keiner Weise seinen Verpflichtungen aus dem SGB IX und unserer Inklusionsvereinbarung nachgekommen.
Max M. hat sich schon im Jahr ..... einige Wochen, nachdem er in die Abteilung ..... versetzt wurde, bei mir gemeldet und hat mir mitgeteilt, dass er einige Arbeitsgänge nicht ausführen kann. Wir haben gemeinsam mit dem Werksarzt den Arbeitsplatz begutachtet. Der Kollege hat vor Ort eindrucksvoll gezeigt, wie belastend einige Arbeitsgänge für ihn waren. Die SBV hat daraufhin den Arbeitgeber aufgefordert, dass der Kollege leichtere Tätigkeiten in der Halle ..... verrichten soll. Leider war damals niemand bereit, auf meine Forderung und die Klagen des Kollegen einzugehen.
Erst jetzt wurde mir durch den Kündigungsantrag bekannt, dass Max M. schon so viele Monate ausgefallen und erneut an der Bandscheibe operiert worden ist.
Auch der Hinweis des Arbeitgebers, dass der Termin am ....., unter Beteiligung des berufsbegleitenden Dienstes stattgefunden hat, ist nach meiner Kenntnis nicht richtig. Wenn wir Max M. leidensgerecht, z. B. bei der Betriebssicherheit einsetzen würden, gäbe es keinen Grund mehr, ihm zu kündigen. Seine Fehlzeiten würden sich kurzfristig gegen null entwickeln.

Mit freundlichen Grüßen
Schwerbehindertenvertretung

____
Unterschrift Schwerbehindertenvertretung

Stellungnahme an Integrationsamt (fehlerhafter Einsatz)

114

Schwerbehindertenvertretung/Firma
Vorname Name
Anschrift

Ort, Datum

Name des Amtes
Anschrift

Stellungnahme zum Kündigungsantrag betreffend Erika M., geb. .....
Aktenzeichen: .....

Sehr geehrte Damen und Herren,

die Schwerbehindertenvertretung empfiehlt, den Antrag zur Kündigung abzulehnen.
Begründung:
Wir sind der Meinung, dass aus sozialen Gesichtspunkten Erika M. nicht gekündigt werden darf. Sie ist mit einem GdB von ..... schwerbehindert. Mit den körperlichen Leiden und einer Kündigung der ..... wird es für Erika M. mit Sicherheit aussichtslos sein, einen neuen Arbeitsplatz zu finden.
Die Einstellung von Schwerbehinderten und ihr individueller Einsatz wird im Betrieb/Dienststelle ....., aus Sicht der Schwerbehindertenvertretung von allen Beteiligten ernst genommen und gefördert. Gerade diese Erfahrung veranlasst uns, der oben genannten Kündigung nicht zuzustimmen. Die Kollegin Erika M. wurde unserer Einschätzung nach falsch eingesetzt. Bei einem Einsatz beispielsweise im Bereich Verpackung mit einer dementsprechenden Betreuung, wäre die Kollegin unserer Überzeugung nach nicht auffällig geworden. In einem Gespräch mit Erika M. (u. a. auch über ihr Fehlverhalten in Bezug auf Alkohol im Betrieb), wurde uns zudem bewusst, dass ihr persönlich nicht klar war, was sie durch ihr Verhalten auslöste. Wir machen ebenso darauf aufmerksam, dass im Betrieb/Dienststelle ..... kein absolutes Alkoholverbot herrscht. Aus folgenden Gründen bitten wir um nochmalige Überprüfung der ordentlichen Kündigung von Erika M.: falscher Einsatz, fehlende Betreuung, Behinderung, verbunden mit einer gewissen persönlichen Naivität der Kollegin in Bezug auf die Vorkommnisse, welche zur Kündigung führten.

Kündigung

Mit freundlichen Grüßen
Schwerbehindertenvertretung

____
Unterschrift Schwerbehindertenvertretung

Stellungnahme an Integrationsamt (Suchterkrankung, Wiedereinstellung) 115

Schwerbehindertenvertretung/Firma Ort, Datum
Vorname Name
Anschrift

Name des Amtes
Anschrift

Stellungnahme zum Kündigungsantrag betreffend Max M., geb. .....
Aktenzeichen: .....

Sehr geehrte Damen und Herren,

Bezugnehmend auf den Kündigungsantrag empfiehlt die Schwerbehindertenvertretung den vereinbarten Suchtleitfaden in Anwendung zu bringen, und dass bei Nachweis einer erfolgreichen Therapie eine Wiedereinstellung erfolgt. Da bei Max M. starke Alkoholprobleme vorliegen, muss hierbei nach dem Suchtleitfaden (Stufe 5) verfahren werden, an den folgende Bedingungen geknüpft sind:
Max M. muss sich innerhalb eines Jahres einer Alkoholentgiftung und einer Alkoholentziehungskur unterziehen, diese erfolgreich abschließen und auch weiterhin nachweislich abstinent leben, mit Unterstützung einer Selbsthilfegruppe.
Die gesundheits- und verhaltensbedingten Probleme, die zeitweise aus der Sicht der Schwerbehindertenvertretung und des Betriebsrats aus der Sucht resultiert, müssen soweit behoben sein, dass einer Einstellung aus ärztlicher und betriebsärztlicher Sicht keine Bedenken bestehen.
Sollten die vorgenannten Probleme aus dem Weg geräumt werden, so könnten die Schwerbehindertenvertretung und der Betriebsrat sich eine positive Eingliederung vorstellen.

Mit freundlichen Grüßen
Schwerbehindertenvertretung

____

Unterschrift Schwerbehindertenvertretung

Weiterführende Literatur

Fachliteratur

Altvater/Baden/Baunack/Berg/Dierßen/Herget/Kröll/Lenders/Noll, BPersVG – Bundespersonalvertretungsgesetz, Kommentar für die Praxis, Bund-Verlag, 11. Auflage, 2023.

Conrad-Giese/Hlava/Ramm, Behindertenrecht in der Arbeitswelt, Bund-Verlag, 7. Auflage, 2025.

Conrad-Giese/Eberhardt/Feldes/Hindersmann/Koch/Ramm/Ritz, Tipps für die Vertretung von Menschen mit Behinderungen, Bund-Verlag, 4. Auflage, 2023.

Dau/Düwell/Joussen/Luik (Hrsg.), Sozialgesetzbuch IX, Lehr- und Praxiskommentar, Nomos, 6. Auflage, 2022.

Däubler/Klebe/Wedde, BetrVG Betriebsverfassungsgesetz, Kommentar für die Praxis, Bund-Verlag, 19. Auflage, 2024.

Feldes/Helbig/Hüther/Krämer/Kuntz/Mittel/Rehwald/Tatzky/Westermann, Schwerbehindertenrecht, Basiskommentar zum SGB IX, 17. Auflage, 2024.

Feldes/Gilsbach/Jansen/Köhler/Klabunde/Künsemüller/Ramm/Ritz/Schmidt/Weidner, Praxis der Schwerbehindertenvertretung von A bis Z, Bund-Verlag, 8. Auflage, 2023.

Feldes/Kohte/Stevens-Bartol (Hrsg.), SGB IX Sozialgesetzbuch IX – Kommentar für die Praxis, Bund-Verlag, 5. Auflage, 2023.

Haverkamp, Datenschutz, Grundlagen, Empfehlungen und Arbeitshilfen für Betriebs- und Personalräte, Bund-Verlag, 4. Auflage, 2024.

Husmann, Wahl der Schwerbehindertenvertretung 2022, Bund-Verlag, 8. Auflage, 2022.

Online-Datenbanken

Schwerbehindertenrecht und Inklusion, Bund-Verlag

Schwerbehindertenrecht online, Bund-Verlag

Stichwortverzeichnis